Sergio Carapelli
Roberta Ferencich
Letizia Vignozzi

Attività

Villa Gioconda

corso di italiano per stranieri
con la suggestopedia moderna

Guerra Edizioni

I edizione
© Copyright 2008
Guerra Edizioni - Perugia

ISBN 978-88-557-0055-9

Progetto grafico
salt & pepper_perugia

Illustrazioni
Moira Bartoloni

Guerra Edizioni
via Aldo Manna 25 - Perugia (Italia)
tel. +39 075 5289090
fax +39 075 5288244
e-mail: info@guerraedizioni.com
www.guerraedizioni.com

Sergio Carapelli
Roberta Ferencich
Letizia Vignozzi

Attività

Villa Gioconda

corso di italiano per stranieri
con la suggestopedia moderna

Guerra Edizioni

TAVOLA SINOTTICA

Scena	Comunicare	Riflettere	Curiosare per l'Italia
1 *Due ragazze*	Presentarsi Presentare qualcuno Parlare di sè Cominciare e chiudere un contatto Salutare	Le preposizioni I numeri I possessivi L'aggettivo *bello*	Antichi mestieri: lo scrivano, l'ombrellaio Nuove professioni: il/la *personal trainer*, il/la *tree climber*
2 *La ricerca*	Chiedere il permesso Dare/rifiutare il permesso Chiedere per ottenere	Alcuni avverbi Il passato prossimo	Breve storia del caffè in Italia Siena segreta: l'artigianato, i vicoli
3 *Un nuovo amico*	Lamentarsi Darsi un appuntamento Chiedere per sapere	Il dimostrativo *stesso* Alcuni avverbi di tempo I pronomi diretti e indiretti	Leonardo cuoco e la cucina del Rinascimento I trulli di Alberobello
4 *Festa di compleanno*	Accettare e rifiutare un invito Esprimere desideri Chiedere ed esprimere un'opinione	La doppia negazione Gli indefiniti *nessuno/-a, alcuni/-e, qualche, parecchio/-a*	La leggenda del Gallo Nero Proverbi toscani sul vino Francobolli dedicati alla moda I colori della moda Uomini e bestie
5 *Un'incredibile scoperta*	Telefonare Dare e ricevere istruzioni Descrivere oggetti	Il passato prossimo con i pronomi diretti Alcuni avverbi di luogo I verbi *metterci* e *volerci*	Le strade di Venezia La Via dell'Amore
6 *Un luogo magico*	Raccontare esperienze/storie Descrivere luoghi Chiedere e dare informazioni	L'imperfetto indicativo I gradi dell'aggettivo	San Giovanni e il Solstizio d'estate Cos'è la Smorfia napoletana?
7 *Alla villa*	Descrivere una persona Esprimere gusti e preferenze Esprimere accordo e disaccordo	Imperfetto *vs* passato prossimo Altri indefiniti *Stare per* + infinito	La scuola genovese dei cantautori Giarratana: il museo a cielo aperto

Scena	Comunicare	Riflettere	Curiosare per l'Italia
8 *I ritratti misteriosi*	Esprimere sorpresa Descrivere abitudini del passato	L'imperativo con i pronomi I relativi Il *ci* locativo e il *ne* partitivo Il trapassato prossimo	Bomarzo: il parco delle meraviglie
9 *Il pittore*	Esprimere necessità fisiche e stati d'animo Dare e ricevere un consiglio	Il condizionale presente *Avere bisogno di* Il passato prossimo dei verbi modali	Ritratti e caricature
10 *Il quadro*	Esprimere ammirazione Fare ipotesi Parlare di progetti per il futuro	Il futuro semplice *bisogna/basta* La concordanza dei tempi dell'indicativo	Roma multietnica: arte, cucina e media

INTRODUZIONE PER GLI STUDENTI *Villa Gioconda*

Attraverso una storia ricca di avventure e di sorprese che si sviluppa intorno al mistero custodito in un'antica villa nella campagna toscana, i protagonisti di *Villa Gioconda* ci porteranno a conoscere alcuni aspetti di vita italiana in modo giocoso e coinvolgente.

Il nostro invito è di entrare a far parte della storia, di godervi i paesaggi, i profumi, le musiche, le sensazioni e cogliere lo spunto per riflettere sulla lingua, le tradizioni, i valori, le convinzioni degli italiani.

Buon lavoro e buon divertimento!

Gli Autori

Attività didattiche

UNITÀ 1 *Villa Gioconda*

1. Il ritratto del mio compagno di corso

**Lavorare in coppia e scambiarsi i libri.
Fare il ritratto del proprio compagno
e scrivere i dati con la sua nuova
identità.**

Nome

_____

_____

Professione

_____

_____

Hobby

_____

_____

Varie

_____

_____

2. La nuova identità

Completare con i dati della nuova identità.

Mi chiamo _____ .
E tu, come ti chiami?
E Lei, come si chiama?

Sono _____ (professione).
E tu, cosa fai di lavoro?
E Lei, cosa fa di lavoro?

Sono di _____ (città).
E tu, di dove sei?
E Lei, di dov'è?

Sono nato/a a _____ in Italia.
E tu, dove sei nato/a?
E Lei, dov'è nato/a?

Io abito a _____ , in Italia.
E tu, dove abiti?
E Lei dove abita?

Io ho _____ anni.
E tu, quanti anni hai?
E Lei, quanti anni ha?

Io parlo italiano, _____ ,
_____ , _____ .
E tu, che lingue parli?
E Lei, che lingue parla?

Io (_____) sono sposato/a e
(_____) ho _____
bambini.
E tu, sei sposato/a?
E Lei, è sposato/a?

Mi piace _____ .
E a te? Cosa ti piace?
E a Lei? Cosa le piace?

3. La carta d'identità

Completare il documento con la nuova identità.

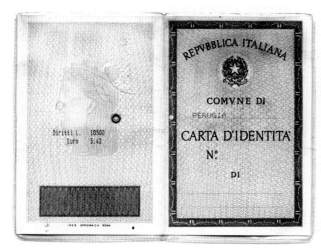 

4. Intervista

Intervistare il compagno e scrivere le risposte. Presentare poi il compagno alla classe. Scegliere se darsi del tu o del lei.

Come ti chiami?

_____

Come si chiama?

_____

Di dove sei? Dove abiti? Dove sei nato/a?

_____

Di dov'è? Dove abita? Dove è nato/a?

_____

Cosa fai di lavoro?

_____

Cosa fa di lavoro?

_____

Quanti anni hai?

_____

Quanti anni ha?

_____

Sei sposato/a? Hai figli?

_____

È sposato/a? Ha figli?

_____

Quali sono i tuoi hobby?

_____

_____

_____

Quali sono i suoi hobby?

_____

_____

_____

5. Parole, parole, parole...

Inserire i nomi relativi alle figure specificando se sono femminili o maschili, inserire gli articoli e scrivere un breve dialogo usando alcune di queste parole.

maschile		femminile	
singolare	plurale	singolare	plurale

6. Chi è?

Unire le informazioni alla persona giusta.

a. si chiama Sauro.
b. si chiama Juliette.
c. si chiama Caterina.
d. è italiana.
e. è francese.
f. è italiano.
g. è studentessa.
h. fa l'insegnante.
i. abita a Parigi.
l. lavora a Firenze.
m. fa l'autista di pullman.
n. lavora in una discoteca.
o. studia italiano.
p. lavora all'Accademia di Belle Arti.
q. è invadente.

7. Come si sono conosciute Juliette e Caterina?

**In coppia o in piccoli gruppi scrivere un dialogo tra Juliette e Caterina
che si incontrano per la prima volta.
Dopo aver scritto il dialogo, metterlo in scena. Alcuni studenti interpretano
elementi della scena (un albero, una panchina ecc.).**

8. Qualche informazione...

Scegliere la risposta giusta.

1. In che zona di Parigi abita Juliette?
    a. in centro.
    b. vicino all'Istituto Italiano di Cultura.
    c. all'Istituto Italiano di Cultura.

2. Cosa fa Cesare Ballini?
    a. insegna all'Accademia di Belle Arti.
    b. lavora in discoteca.
    c. l'insegnante di italiano.

3. Juliette
    a. studia italiano.
    b. è italiana.
    c. aspetta Sauro in discoteca.

4. Sauro
    a. è un autista di pullman.
    b. insegna all'Accademia di Belle Arti.
    c. è insegnante di italiano.

5. La scuola che frequenta Juliette
    a. è all'Istituto Italiano di Cultura.
    b. è a Firenze.
    c. è all'Accademia di Belle Arti.

6. Villa Gioconda
    a. è una villa segreta.
    b. si trova sulle colline vicino a Firenze.
    c. è di Giorgio.

9. Molto piacere!

Riordinare il dialogo decidendo quale personaggio parla (Sauro, Caterina o Juliette). Recitare il dialogo come a teatro.

_____ _____ Alla scuola Tuttitaliano, è in via Cavour.

_____ _____ Ciao bella!

_____ _____ Ciao Sauro.

_____ _____ Ciao, mi chiamo Sauro e tu come ti chiami?

_____ _____ Ciao, sono Caterina.

_____ _____ Cosa fai in Italia?

_____ _____ Dove?

_____ _____ È un lavoro interessante!

_____ _____ Ecco… arriva il pullman…

_____ _____ Ehi Caterina, mi presenti la tua amica?

_____ _____ Insegno all'Accademia di Belle Arti di Firenze.

_____ _____ Juliette.

_____ _____ Molto piacere… Juliette.

_____ _____ Piacere. Di dove sei?

_____ _____ Questo è …

_____ _____ Sì, è un lavoro interessante e creativo, sono molto contenta.

_____ _____ Sono francese, di Parigi.

_____ _____ Studio italiano.

_____ _____ Tu cosa fai di lavoro?

10. Il mio autista Sauro

Completare il dialogo con i possessivi.

Sauro: Ciao Caterina! Chi è _____ bella amica?

Caterina: _____ bella amica si chiama Juliette.

Juliette: Ciao… ma, Caterina… _____ amico è sempre così aperto con le donne?

Caterina: Juliette… questo non è un _____ amico, è l'autista del pullman.

Sauro: Ma _____ amica, non è italiana, vero?

Caterina: No, è francese.

Sauro: Juliette, tu parli bene italiano, _____ genitori sono italiani?

Juliette: No, _____ genitori sono francesi. Studio italiano a Firenze, _____

insegnante è molto bravo!

Caterina: Ma _____ pullman non parte?

Juliette: Se _____ autista parla sempre…

Sauro: _____ autista adesso corre e vi porta a Firenze in cinque minuti.

Juliette, dov'è _____ scuola?

Juliette: In centro, in via Cavour.

Sauro: Andiamo!

11. Due ragazze

Completare il testo con le preposizioni appropriate.

Caterina e Juliette si incontrano _____ fermata _____ pullman,

_____ un piccolo paese _____ colline vicino _____ Firenze.

Juliette abita _____ Parigi, _____ Francia, e studia italiano _____

scuola Tuttitaliano, _____ via Cavour.

Caterina insegna _____ Accademia _____ Belle Arti _____ Firenze ed è

molto soddisfatta _____ suo lavoro perché è interessante e creativo.

Le due ragazze incontrano Sauro, l'autista _____ pullman _____ Firenze.

Sauro fa sempre il latin lover e invita Caterina e Juliette _____ discoteca Trendy,

_____ via del Proconsolo.

Le ragazze arrivano _____ Firenze. Juliette, prima di andare _____ lavoro, passa

_____ un amico antiquario _____ parlare _____ una storia molto

interessante: la storia _____ Villa Gioconda, un'antica villa vicino _____ Vinci.

Cos'ha _____ strano questa villa?!

12. Ma chi è?

Completare lo schema con i dati, poi disegnare i personaggi.

	nome	nazionalità	città	paese
1.				
2.				
3.				
4.				
5.				
6.				

1. Pierre

2. Sauro

3.

4. Jeff

5.

6. Mirko

13. Di dov'è?

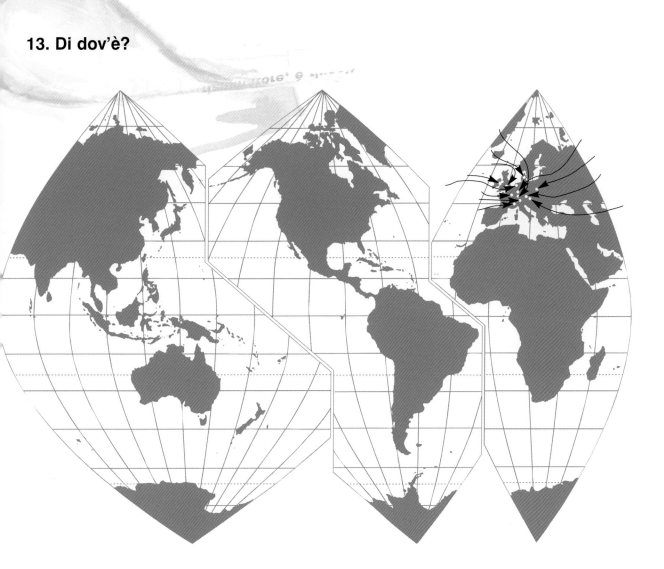

Collegare con una freccia le frasi di sinistra con quelle di destra.

1.	Hans abita a Vienna,	a. è brasiliano.
2.	Yuko è di Tokio,	b. è irlandese.
3.	Jorge è di San Paolo,	c. è francese.
4.	Berta è di Friburgo,	d. è americano.
5.	Klaus è di Zurigo,	e. è austriaco.
6.	Diana è di Londra,	f. è norvegese.
7.	Klaas è di Stoccolma,	g. è inglese.
8.	Jack è di New York,	h. è olandese.
9.	Charlie è di Dublino,	i. è giapponese.
10.	Yang è di Pechino,	l. è svizzero
11.	Juliette è di Parigi,	m. è danese.
12.	Antonios è di Atene,	n. è tedesca.
13.	Marie è di Oslo,	o. è cinese.
14.	Helga abita a L'Aia,	p. è svedese.
15.	Jim abita a Copenhagen,	q. è russa.
16.	Tatjana è di San Pietroburgo	r. è greco.

14. Complimenti!

Completare con *bello*, *bellissimo* i seguenti minidialoghi. Continuare poi l'attività con altri esempi.

1. Che _____ ragazzo!

   È il mio fidanzato!

   È proprio _____, anzi _____!

2. Che _____ ragazza!

   È la mia fidanzata!

   È proprio _____, anzi _____!

3. Che _____ bambini!

   Sono i miei figli!

   Sono proprio _____, anzi _____!

4. Che _____ bambine!

   Sono le mie figlie!

   Sono proprio _____, anzi _____!

5. Che _____ uomini!

   Sono tutti italiani!

   Sono proprio _____, anzi _____!

6. Che _____ donne!

   Sono tutte italiane!

   Sono proprio _____, anzi _____!

15. Cosa fanno gli italiani nel tempo libero?

Completare il testo coniugando i verbi della colonna di destra al presente indicativo.

Il 94,7% degli italiani _____ la televisione almeno qualche giorno alla settimana,	guardare
e questo numero _____ costante nel tempo mentre gli ascoltatori della radio	rimanere
_____ soprattutto fra i giovani e in particolare tra le ragazze dai 15 ai 24 anni (85%).	aumentare
L'89,9% degli italiani _____ spesso gli amici almeno una volta alla settimana.	incontrare
Gli italiani che _____ di non avere amici sono solo l'1,6%.	dichiarare
Solo il 15% degli italiani non _____ mai in chiesa, il 33,9% ci _____	andare, andare
più volte alla settimana.	
Il quotidiano si _____ più al Nord che al Sud: infatti ad esempio in Trentino-Alto	leggere
Adige il 75,6% degli italiani _____ il giornale, contro il 39,3 % degli abitanti	leggere
della Basilicata e il 42,% della Calabria.	
Per la lettura di libri, la percentuale _____ maggiore nell'Italia settentrionale (49%)	essere
che in quella meridionale (29,6%) e _____ le donne a leggere più degli uomini.	essere
_____ i giovani a usare più spesso il computer (76,8%), gli studenti	essere
lo _____ per l'84,6% e questo dato _____ in forte crescita.	usare, essere
Il cinema (48,1%) _____ il passatempo preferito per le attività culturali fuori casa,	essere
seguito dagli avvenimenti sportivi: per esempio la partita di calcio allo stadio (29%) e la serata	
in discoteca (26,3%).	
Uomini e donne _____ interessi diversi: quasi la metà degli uomini italiani (41,4%)	esprimere
_____ a vedere avvenimenti sportivi, contro il 17,3% delle donne; gli uomini	andare
_____ più spesso al cinema e in discoteca delle donne. Le signore	andare
_____ il teatro.	preferire
Solo il 59% degli italiani _____ di praticare più o meno regolarmente uno sport,	dichiarare
mentre gli altri _____ i veri sedentari.	essere
Gli uomini che _____ uno sport sono il 64%, mentre le donne il 53,2%.	praticare
Anche qui ci _____ più sportivi al Nord che al Sud. Con l'aumentare dell'età,	essere, diminuire
_____ la pratica dello sport. La regione meno sportiva _____ la Sicilia	essere
con una quota di sedentari del 58,3%, mentre i più sportivi _____ gli abitanti del	essere
Trentino Alto Adige con 71,6%.	

Fonte: http://www.istat.it/

Queste sono le attività più frequenti degli italiani durante il tempo libero. Cosa si fa negli altri paesi?

_____

_____

_____

_____

_____

16. Trova le parole!

Trovare nello schema le parole date (orizzontali o verticali).

I	S	T	I	T	U	T	O	V	E	C	R
N	D	C	U	R	I	O	S	A	O	O	D
T	S	F	I	R	E	N	Z	E	U	N	N
E	N	I	N	S	E	G	N	A	N	T	E
R	U	N	L	P	R	V	I	E	S	E	H
E	G	V	F	A	A	E	U	R	G	N	V
S	E	A	T	M	R	A	L	I	E	T	N
S	O	D	D	I	S	F	A	T	T	O	W
A	E	E	U	C	V	E	N	A	S	D	X
N	B	N	N	O		P	A	R	I	G	I
T	A	T	L	E	T	F	E	D	T	H	W
E	T	E	A	R	A	U	T	O	B	U	S

Amico
Autobus
Contento
Curiosa
Firenze
Insegnante
Interessante
Invadente
Istituto
Parigi
Ritardo
Soddisfatto

17. Cruciverba dei numeri

Scrivere i numeri in lettere.

Orizzontali
3. 17
5. 13
6. 9
7. 2000
8. 8
9. 12
12. 20
13. 4
14. 10
15. 6
16. 7
17. 5
18. 11
19. 14

Verticali
1. 18
2. 101
3. 19
4. 3
10. 1
11. 1000
13. 15
14. 2
16. 16

18. La griglia delle caratteristiche

Lavorare in coppia. Ogni studente intervista il proprio compagno sui suoi hobby. Poi trovare gli hobby in comune.

nome												
1. È molto sportivo.												
2. Ascolta la musica classica.												
3. Suona uno strumento musicale.												
4. Guida le automobili sportive.												
5. Va in discoteca.												
6. Legge molto.												
7. Guarda la TV.												
8. Chatta.												
9. Disegna.												
10. Canta.												
11. Viaggia molto.												
12. Va in bici.												

1. Al bar

Riordinare il dialogo decidendo quale personaggio parla (Giorgio, il barista o Caterina). Recitare il dialogo come a teatro.

		Quant'è?
		Io prendo un cappuccino e una pasta con la crema.
		Grazie a lei.
		Grazie.
		Buongiorno, Giovanni.
		Sono 3 euro e 10. Ecco lo scontrino!
		Ecco il caffè per lei e il cappuccino per la signora.
		Io vorrei un caffè macchiato.
		Cosa prendi?
		Buongiorno signor Torrisi. Cosa desidera?

Caffè lungo	
Caffè con panna	Latte macchiato
Caffè ristretto	Cappuccino
Caffè espresso	
Caffè macchiato caldo	Latte freddo
Caffè macchiato freddo	
Caffè corretto	Zucchero
Caffè doppio	Zucchero di canna
Caffè americano	Dolcificante

2. I tipi di caffè... e altro

Anagramma
Il barista distratto ha confuso le lettere delle parole nel listino. Rimetterle in ordine.

CUPPACCION ONC NAPAN

CEFFA PODIPO NOC TENFILODACCI

CHEZUCOR ID NACAN

TETLA OFDRED

FACEF CHIMACOTA NI CHICIBERE

3. Al bar, un orologio, per favore!

Trovare i 15 errori contenuti nel dialogo.

Barista: Buongiorno, Giorgio, cosa lavori?
Giorgio: Vorrei un orologio e una brioche con il tavolo, per problemi.
Barista: Bene, porto al computer?
Giorgio: Sì, grazie. Compro fuori.
            Grazie, … c'è il giornale?
Barista: Mi dispiace, lo mangia un altro signore…
Giorgio: Non fa niente, lo completo dopo!
Barista: Ecco il giornale!
Giorgio: Prego! Posso avere anche un succo di caffè, per problemi?
Barista: Volentieri!
Giorgio: Grazie quattro!
            Posso avere il conto, per problemi?
Barista: Certamente, ecco il documento, fanno 4,50 euro.
Giorgio: Ecco qui… grazie quattro.
Barista: Grazie a lei.
Giorgio: Arrivederci.

4. Beviamo qualcosa?

Ordinare le vignette e scrivere un dialogo.

1.   2.   3.

4.   5.

6.   7.

5. Parole in disordine

Riordinare le frasi.

1. caffè prendere andiamo un a?

   _____

2. macchiato un lo caffè vorrei.

   _____

3. con e un cornetto prendo cappuccino lo la un crema.

   _____

4. subito Archivio! all' dobbiamo andare

   _____

5. tre lavorare le smetto lo di verso

   _____

6. da qui due quasi siamo ore

   _____

7. degli vedere i scaffali possiamo documenti?

   _____

8. Accademia insegno di Belle all' Arti.

   _____

6. L'orologio

Che ore sono? Sono le...

| Sono le tre | Sono le due e mezzo/a | Sono le quattro e dieci | È l'una | Sono le dieci meno venti
Sono le nove e quaranta |

| È mezzogiorno
È mezzanotte | Sono le dieci e un quarto | Sono le otto
e venticinque | Sono le undici e tre quarti
È mezzogiorno meno un quarto
È mezzanotte meno un quarto |

A che ora?

Alle quattro

Verso le quattro

In situazioni ufficiali (orari dei treni, degli aerei ecc.) dopo le ore 12.00 si usa dire le tredici, le quattordici ...

7. L'agenda

Lavorare in coppia. Segnare nell'agenda gli appuntamenti.
Scrivere poi cosa ha fatto Juliette la settimana scorsa usando il passato prossimo.

	lunedì	martedì	mercoledì	giovedì	venerdì	sabato	domenica
8.00							
9.00							
10.00							
11.00							
12.00							
13.00							
14.00							
15.00							
16.00							
17.00							
18.00							
19.00							
20.00							
21.00							

Teatro: Nabucco, sabato alle 21.00, Teatro Comunale

Mercoledì: alle 16 dentista

Giovedì: ore 13 pranzo da Caterina

Venerdì: 21.00 cena con Giorgio e compagnia

Da lunedì a venerdì 8.30 - 12.30: lezione di italiano (sveglia alle 7.00)

Cinema: martedì alle 21.00

Shopping con Caterina: giovedì dopo pranzo

Domenica: ore 21, pizza con i compagni del corso

8. Al bar

Dividersi in gruppi di 4 persone.
Lavoro individuale: ognuno scrive un dialogo.
Lavoro in coppia: si confrontano le due versioni e si concorda un dialogo unico.
Lavoro in gruppi di 4: si confrontano le versioni delle coppie e si concorda un unico dialogo. Recitarlo in forma teatrale.
Nel dialogo inserire anche: *così, davvero, volentieri*.

Sauro:	Sauro incontra Juliette e la saluta.
Juliette:	Juliette saluta Sauro e gli chiede come sta.
Sauro:	Sauro risponde e chiede a sua volta come sta.
Juliette:	Juliette risponde che sta bene.
Sauro:	Sauro invita Juliette ad andare al bar a prendere qualcosa.
Juliette:	Juliette accetta volentieri l'invito. Juliette e Sauro entrano nel bar.
Sauro:	Sauro chiede a Juliette che cosa desidera.
Juliette:	Juliette desidera un cappuccino e un cornetto alla crema.
Sauro:	Sauro va alla cassa e paga due cappuccini e due cornetti.
Cassiere:	Il cassiere dice a Sauro quanto costano due cappuccini e due cornetti e riceve i soldi, dando il resto e lo scontrino.
Barista:	Il barista saluta, dà lo scontrino e chiede a Sauro e a Juliette che cosa desiderano.
Sauro:	Sauro ordina i cappuccini e i cornetti.
Barista:	Il barista chiede che tipo di cornetti vogliono: alla crema, alla marmellata, alla cioccolata, vuoti o integrali.

Sauro:	Sauro risponde e indica i cornetti alla crema.
Juliette:	Juliette ringrazia Sauro che le porge il cornetto.
Barista:	Il barista porge i caffè.
Sauro:	Sauro chiede a Juliette quanto zucchero desidera.
Juliette:	Juliette risponde che preferisce il dolcificante.
Sauro:	Sauro si stupisce, poi le offre il dolcificante.
Juliette:	Juliette ringrazia.

9. È un dovere...

Mettere i verbi al presente indicativo.

Giorgio:	Per due belle signore come voi _____ fare un prezzo davvero speciale.	io-volere
Signora 1:	Molto gentile.	
Signora 2:	_____ essere proprio contento, oggi, il signor Giorgio.	lui-dovere
Signora 1:	Hai ragione, non _____ mai fare lo sconto.	lui-volere
Giorgio:	Hem… _____ pagare a Luisa.	voi-potere
Signora 2:	Sì, grazie.	
Giorgio:	Scusate, ora _____ andare.	io-dovere
Giorgio:	Caterina, _____ sapere che ieri, per caso, ho sfogliato un libro interessante.	tu-dovere
	_____ andare subito all'Archivio!	noi-dovere
	Non _____ credere a quello che ho letto!	io-potere
Caterina:	Purtroppo non _____ , adesso.	io-potere
	_____ andare all'Accademia.	io-dovere
Giorgio:	_____ andare all'Archivio quando finisci di lavorare!	noi-potere
Caterina:	Cosa _____ fare, intanto?	io-potere
Giorgio:	_____ vedere i documenti che ho qui… ti accompagno.	tu-potere
Signora 1:	Dove _____ andare?	voi-volere
Giorgio:	Non lo _____ dire signora.	noi-potere
Caterina:	Bene, andiamo, ma poi _____ festeggiare!	noi-dovere
Giorgio:	Certamente! Ciao Juliette.	
Caterina:	Ciao, Giorgio, a più tardi!	

10. Cosa c'è in vetrina?

Indicare gli oggetti che si riconoscono secondo l'esempio.

C'è un orologio, ci sono due libri ecc.

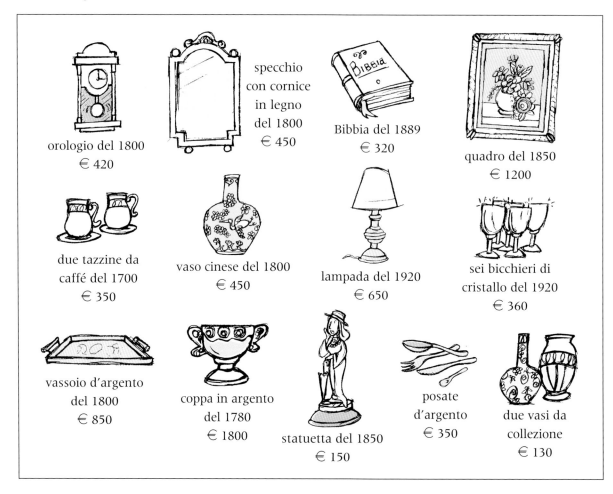

orologio del 1800
€ 420

specchio
con cornice
in legno
del 1800
€ 450

Bibbia del 1889
€ 320

quadro del 1850
€ 1200

due tazzine da
caffé del 1700
€ 350

vaso cinese del 1800
€ 450

lampada del 1920
€ 650

sei bicchieri di
cristallo del 1920
€ 360

vassoio d'argento
del 1800
€ 850

coppa in argento
del 1780
€ 1800

statuetta del 1850
€ 150

posate
d'argento
€ 350

due vasi da
collezione
€ 130

11. La ricerca

Completare il testo con i verbi al passato prossimo.

Caterina e Giorgio _____ al negozio di antiquariato di Giorgio.   incontrarsi

Caterina è davvero molto carina.

Dopo _____ al bar e _____ al tavolo;   andare, sedersi,

_____ un caffè e _____ una brioche.   bere, mangiare

Giorgio _____ le novità su Villa Gioconda: raccontare,

_____ il libro delle ville toscane e _____   sfogliare, trovare

una piccola nota molto interessante su Villa Gioconda.

Probabilmente ci sono dei documenti raccolti da un certo Annibale Onofri all'Archivio

di Stato. Alle tre e mezzo Caterina e Giorgio _____ davanti   darsi appuntamento

all'Archivio di Stato.

_____ questi documenti a lungo senza successo e, alla fine,

_____ aiuto all'archivista.

Purtroppo gli impiegati non _____ l'inserimento dei dati

nel computer e per questo motivo molti documenti _____

negli scaffali.

Per fortuna Giorgio e Caterina _____ il permesso di cercare negli

scaffali e _____ proprio la storia della villa! Una storia incredibile!

Ma chi è questo ragazzo di nome Paul? Perché _____ così tanto

alla storia della villa?!

cercare,
chiedere
completare,
rimanere
avere
trovare
interessarsi

12. Posso...?

Coniugare il verbo potere al presente indicativo, completando i dialoghi che seguono.

1. - (Io) _____ avere un caffè?
   - Sì, volentieri.

2. - (Noi) _____ giocare a tennis?
   - No, oggi non è possibile.

3. - (Loro) _____ andare?
   - Sì.

4. - (Io) _____ guardare la televisione?
   - Certo!

5. - (Lui) _____ giocare con il computer?
   - Sì ma solo dieci minuti.

6. - (Noi) _____ entrare?
   - Prego!

7. - (Noi) _____ avere un bicchiere d'acqua?
   - Ma certo, volentieri!

8. - (Loro) _____ uscire?
   - Non ancora.

9. - (Io) _____ suonare il pianoforte?
   - Ma sono le due del pomeriggio!

10. - (Loro) _____ ascoltare la radio?
    - Certamente!

11. - (Noi) _____ andare al ristorante?
    - Preferisco restare a casa.

12. - (Loro) _____ fotografare?
    - No, mi dispiace, è vietato.

13. Al bar

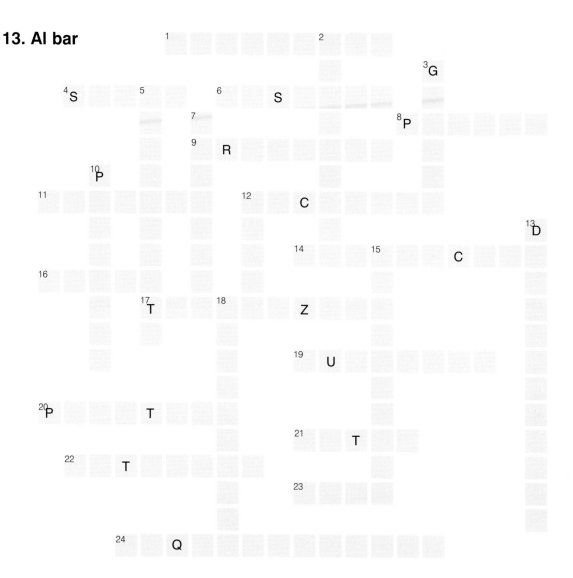

Orizzontali

1. Il caffè con il latte.
4. Può essere d'arancia.
6. L'acqua se non è naturale.
8. Il pane con qualcosa dentro.
9. Un vino frizzante che si beve anche come aperitivo.
11. Si mangia a colazione.
12. La sorella della PEPSI COLA.
14. Il caffè con il latte caldo della mattina.
16. Si mette nella brioche.
17. Il sandwich italiano.
19. Si mette spesso nel caffè.
20. Si mangiano con l'aperitivo.
21. Necessario per il cappuccino.
22. L'acqua se non è gassata.
23. Può essere bianco o rosso.
24. Può essere frizzante o naturale.

Verticali

2. La FANTA.
3. Si mette nel caffè e diventa corretto.
5. Si fa con il cacao.
7. Può essere d'arancia.
10. Piccola pizza.
12. È anche chiamato espresso.
13. Al posto dello zucchero.
15. Si può mettere nel tramezzino.
18. È di albicocche nella brioche.

Quanto dura la lezione?

Che ore sono?

Da quanto tempo studia italiano?

Quando ci vediamo?

Per quanto tempo si ferma a Milano?

Da quando ha queste informazioni?

Di quanto tempo ha bisogno?

A quando è rimandata la seduta?

In quanto tempo può finire il lavoro?

Di quando è questo caffé?

A che ora incomincia la lezione?

Per quando deve essere pronta la cena?

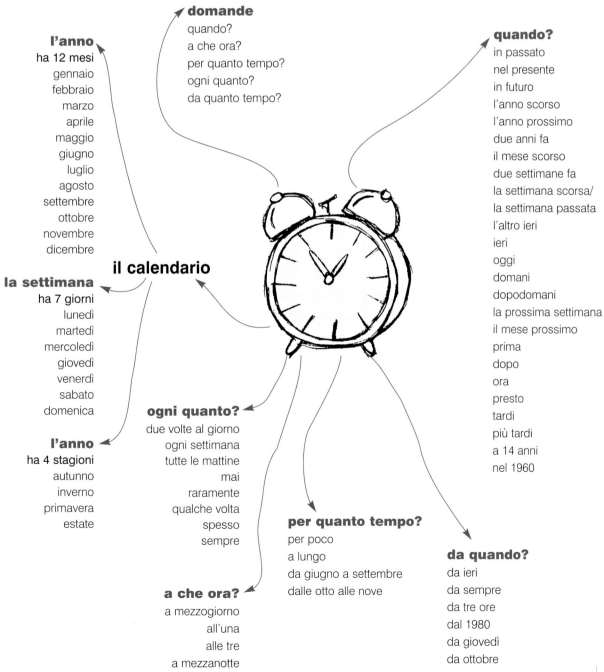

l'anno
ha 12 mesi
gennaio
febbraio
marzo
aprile
maggio
giugno
luglio
agosto
settembre
ottobre
novembre
dicembre

il calendario

la settimana
ha 7 giorni
lunedì
martedì
mercoledì
giovedì
venerdì
sabato
domenica

l'anno
ha 4 stagioni
autunno
inverno
primavera
estate

domande
quando?
a che ora?
per quanto tempo?
ogni quanto?
da quanto tempo?

quando?
in passato
nel presente
in futuro
l'anno scorso
l'anno prossimo
due anni fa
il mese scorso
due settimane fa
la settimana scorsa/
la settimana passata
l'altro ieri
ieri
oggi
domani
dopodomani
la prossima settimana
il mese prossimo
prima
dopo
ora
presto
tardi
più tardi
a 14 anni
nel 1960

ogni quanto?
due volte al giorno
ogni settimana
tutte le mattine
mai
raramente
qualche volta
spesso
sempre

per quanto tempo?
per poco
a lungo
da giugno a settembre
dalle otto alle nove

da quando?
da ieri
da sempre
da tre ore
dal 1980
da giovedì
da ottobre

a che ora?
a mezzogiorno
all'una
alle tre
a mezzanotte

29

1. Al ristorante

Leggere il menù e simulare un'ordinazione.

menù

RISTORANTE IL PANFILO
di Patrizia e Enrico

ANTIPASTI		CONTORNI	
Affettati misti	€ 8,00	Insalata mista	€ 4,00
Bresaola rucola e grana	€ 9,00	Insalata verde	€ 4,00
Caprese	€ 9,00	Patate arrosto	€ 3,50
Cozze alla marinara	€ 8,00	Patate fritte	€ 3,50
Antipasto di pesce della casa	€ 14,00	Verdure alla piastra	€ 4,50

PRIMI PIATTI		DOLCI	
Lasagne al forno	€ 6,50	Tiramisù	€ 4,00
Cannelloni ripieni	€ 6,50	Profiterol	€ 4,00
Spaghetti alla carbonara	€ 7,00	Zuppa inglese	€ 4,00
Pennette al pesto	€ 7,00		
Pennette ai quattro formaggi	€ 7,50	Tartufo	€ 4,00
Gnocchetti al ragù	€ 6,50	Sorbetto al limone	€ 3,00
Tagliolini scampi e zucchine	€ 9,50		
Gnocchetti alla coda di rospo	€ 9,00	Gelato misto	€ 4,00

SECONDI PIATTI			
Bistecca alla fiorentina	€ 15,00	Frutta di stagione	€ 4,00
Scaloppina al limone	€ 13,00		
Galletto arrosto	€ 10,00	FORMAGGI	
Coniglio alla cacciatora	€ 10,00	Formaggi misti	€ 5,00
Grigliata di carne	€ 15,00		
		BEVANDE	
		Vino bianco della casa (1/2 l)	€ 5,00
Branzino ai ferri	€ 14,00	Vino rosso della casa (1/2 l)	€ 5,00
Gamberoni e scampi	€ 15,00	Acqua minerale (0,7l)	€ 2,50
Rombo al forno	€ 16,00	Coca-Cola, Fanta, Sprite (0,2l)	€ 2,20
Grigliata mista di pesce	€ 19,00	Birra piccola (0,2l)	€ 2,50
Fritto misto di pesce	€ 13,00	Birra grande (0,4l)	€ 3,50

Servizio 10% - Coperto € 3,00

2. Cosa si mangia?

Elencare i piatti che si conoscono (cotoletta, bistecca, ecc.).

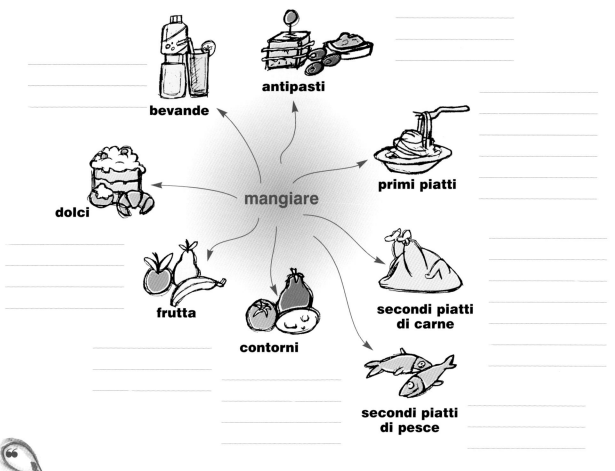

3. Al ristorante

Ricostruire il dialogo indicando chi sta parlando e recitarlo.

_____ _____ Alla scuola Tuttitaliano, è in via Cavour.

_____ _____ Sì, grazie.

_____ _____ Ci porta il conto per favore?

_____ _____ Per me tagliatelle ai funghi e poi coniglio alla cacciatora.

_____ _____ Va bene questo tavolo?

_____ _____ Io preferisco la birra.

_____ _____ Naturale.

_____ _____ Prendiamo del vino?

_____ _____ Ecco i menù!

_____ _____ Perfetto, grazie.

_____ _____ Sì. Io prendo le penne ai quattro formaggi e di secondo una scaloppina al limone

con patate fritte.

_____ _____ Siete in due?

_____ _____ Allora, signor Torrisi, avete deciso?

_____ _____ Perfetto, grazie.

_____ _____ Va bene... la prossima volta tocca a me!

_____ _____ Buonasera signori, signor Torrisi, che piacere vederla.

_____ _____ No, no... l'idea è stata mia... la prossima volta farai tu!

_____ _____ Bene, e da bere?

_____ _____ Allora io prendo mezzo litro di rosso, lo stesso dell'ultima volta, e una bottiglia

di acqua minerale.

_____ _____ No, dai... facciamo alla romana!

_____ _____ Offro io!

_____ _____ Buonasera.

_____ _____ Acqua naturale o gassata?

_____ _____ Buonasera.

_____ _____ Eccolo signori!

4. Ah... le donne!

Completare il dialogo con i pronomi diretti e indiretti.

Juliette: Ah... finalmente al ristorante, ho proprio fame!

Caterina: Sì, anch'io.

Juliette: Hai già comprato *Il Codice Da Vinci*?

Caterina: Non ancora, _____ compro domani, è un libro molto avvincente.
            Cosa prendi?

Juliette: Io prendo le tagliatelle.

Caterina: _____ prendo anch'io.

Juliette: Io bevo un bicchiere di vino, e tu?

Caterina: No, io non _____ bevo mai a pranzo, preferisco l'acqua minerale. Prendi l'insalatona?

Juliette: Sì, _____ mangio volentieri, è leggera.

Caterina: _____ piace molto con il formaggio e il prosciutto.

Juliette: _____ prendo anch'io così, con il mais.

Caterina: Sai, ho conosciuto Paul.

Juliette: Non _____ conosco.

Caterina: È un americano molto carino ed è laureato in storia dell'arte _____ telefono dopo e _____
            chiedo se viene a prendere il caffè con noi.

Juliette: Bene, _____ piace questa idea! Hai già telefonato al tuo amico Giorgio?

Caterina: Non ancora, _____ telefono dopo. _____ vedo comunque domani.

Juliette: Bene, hai chiesto il conto?

Caterina: _____ chiedo adesso, paghiamo alla romana?

Juliette: Cosa vuol dire?

Caterina: Vuol dire che il conto _____ paghiamo metà per uno.

Juliette: Ah... sì... certamente!

5. La e-mail di Juliette

Completare la e-mail di Juliette alla mamma con: *domani, dopo domani, ieri sera, oggi, stamattina, stanotte, stasera.*

Mall ▼	Rubrica ▼	Agenda ▼	Blocco Note ▼

Invia	Salva come bozza	Controlla Ortografia	Annulla

Cara mamma,

qui tutto bene, _____ ho dormito bene, finalmente. _____ ho bevuto una bella

tisana. _____ sono andata a scuola. Alla fermata del pullman ho conosciuto una

ragazza: si chiama Caterina e insegna all'Accademia di Belle Arti di Firenze.

_____ le telefono, e _____ forse facciamo qualcosa insieme.

Non ho ancora scritto alla zia, ma lo faccio _____ , prima di andare a dormire.

È tutto per _____ alla prossima.

Un abbraccio

Ju

6. Non tutto è al posto giusto!

Trovare gli oggetti fuori posto.

7. A casa di Paul

Completare il dialogo con i pronomi diretti e indiretti.

Giorgio: Peccato! Caterina non c'è, è molto simpatica!

Paul: È vero! _____ conosco da poco, ma _____ è molto simpatica!

Giorgio: Caterina _____ piace, è una cara amica, _____ sono molto affezionato!

Paul: Da quanto tempo _____ conosci?

Giorgio: _____ conosco da qualche anno e _____ vedo spesso.

Paul: Prendi anche tu un po' di vino?

Giorgio: Sì _____ prendo volentieri.

Paul: Senti, conosci da molto tempo Sauro e Enrico?

Giorgio: _____ conosco da sempre. Io e Enrico siamo andati a scuola insieme, e poi lui lavora
            con Sauro in discoteca.

Paul: Vengono anche loro alla festa?

Giorgio: Certamente! _____ invito domani, quando _____ vedo al bar, altrimenti _____
            telefono. Caterina porta anche un'amica francese.

Paul: Ah… _____ conosci?

Giorgio: No, non _____ conosco, ma Caterina dice che è molto simpatica.

Paul: Ecco il libro di Salustri.

Giorgio: Allora _____ porto via, _____ leggo con calma. Grazie, ora vado.

Paul: Ok, ci vediamo domani!

Giorgio: _____ saluto, grazie della bella serata!

8. La casa

salotto
divano
poltrona
tavolino
libreria

sala da pranzo
tavolo
credenza
sedie

camera da letto
letto
armadio
comodino
comò

cucina
tavolo
sedie

la casa

corridoio
guardaroba
specchio

bagno
lavandino
doccia
vasca da bagno
bidé
gabinetto

9. Annunci economici

Disegnare le piantine degli immobili descritti negli annunci.

1. In posizione collinare, casa colonica di 182 mq.
   completamente ristrutturata, arredata, 6 locali,
   con circa 1000 mq. di giardino. 3 bagni, 3 camere,
   cucina abitabile, salone con caminetto,
   riscaldamento a gas, € 2500 Tel. 339 9876543.

2. Bilocale signorile, 70 mq, adiacenze via Roma,
   primo piano, arredato, camera, cameretta, bagno,
   cucina abitabile, riscaldamento autonomo. € 1.000,
   Tel. 339 6543210.

10. Annunci sparpagliati

Inserire le informazioni sugli immobili da affittare (lavoro in coppia o individuale).

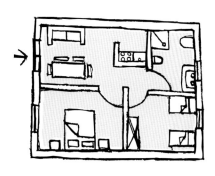 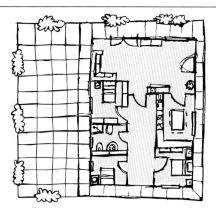 

Firenze centro	riscaldamento autonomo.	riscaldamento autonomo.
Affitto € 1800	aria condizionata	
Affitto € 850	salone, 3 camere cucinotto, bagno, ripostiglio e terrazza	adatto a giovane coppia
molto luminoso e tranquillo	in centro con balcone e cantina	
3° e ultimo piano	Affitto € 1500	Trilocale
riscaldamento autonomo	doppi vetri aria condizionata ristrutturato, cotto, travi a vista, soppalcato, arredato,	
completamente ristrutturato e arredato. Serramenti in legno e doppi vetri,	con vista sul Giardino di Boboli,	Firenze centro
Attico arredato panoramico,	mansarda 30 mq	
ascensore.	180 mq	Firenze centro

11. Agriturismo Podere Santo Stefano

Vorrei prenotare	una camera	singola	con	bagno	per una notte
È libera?		doppia	senza	doccia	per due notti
Vorrei confermare		a due letti		vista sul borgo	dal… al…
		a tre letti		balcone	

L'agriturismo Podere Santo Stefano si trova a Vinci, nel cuore della Toscana, circondato da vigneti e oliveti.
Una piscina nel parco è il luogo perfetto per rilassarsi.
L'azienda è a gestione familiare: in cucina c'è nonna Gina, nonno Cecco cura l'orto e noi, Irene e Mario, ci occupiamo dell'albergo e degli appartamenti con il nostro staff.
Gli appartamenti sono dotati di ogni comfort: cucina con lavastoviglie e lavatrice, 1 o 2 camere, TV sat, telefono, collegamento Internet.

Le camere dell'albergo sono dotate di bagno, telefono, TV sat, frigobar, collegamento Internet.
Servizio di sola prima colazione, mezza pensione e pensione completa.
Prezzi a notte: camera doppia €100, appartamento per 2 persone €100, per 3 persone €120. Servizio baby sitter.
Soggiorno minimo di 3 giorni per gli appartamenti. Nel prezzo degli appartamenti è compresa la pulizia finale e la biancheria.

Prenotare un appartamento o una camera all'agriturismo per un weekend.

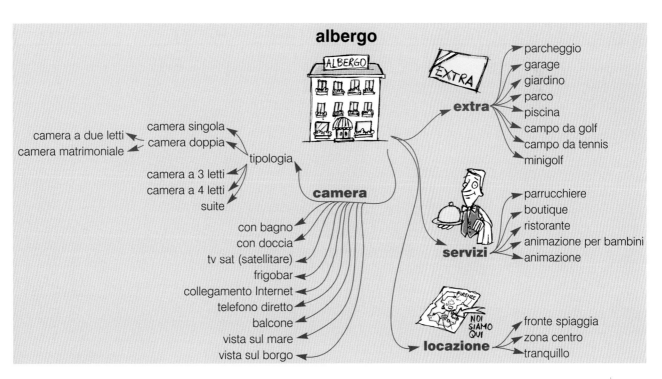

12. La camera "Leonardo"

Scrivere i nomi degli oggetti negli spazi.

13. In albergo

Unire la figura al nome, poi chiedere al portiere dell'albergo se ci sono queste cose.

1. _____ terzo letto	_____	a.
2. _____ piscina	_____	b.
3. _____ asciugacapelli	_____	c.
4. _____ parcheggio	_____	d.
5. _____ doccia	_____	e.
6. _____ TV	_____	f.
7. _____ stanze non fumatori	_____	g.
8. _____ frigobar	_____	h.
9. _____ giardino	_____	i.

14. Vorrei prenotare…

Scrivere dei dialoghi in base alle situazioni date e poi recitarli.

1. Prenotare una camera doppia all'Albergo Medici di Firenze dal 15 al 18 agosto. Chiedere informazioni sull'albergo (servizi, prezzi). Fare la prenotazione scrivendo un fax di conferma.

2. Prenotare una camera a 3 letti all'Hotel ai Dogi di Venezia per il weekend del 15 maggio. Chiedere informazioni sull'albergo (servizi, prezzi). Fare la prenotazione scrivendo un fax di conferma.

3. Prenotare una camera singola all'Hotel Piazza di Spagna a Roma per 2 notti, dal 13 aprile. Chiedere informazioni sull'albergo (servizi, prezzi). Fare la prenotazione scrivendo un fax di conferma.

15. È troppo!

In piccoli gruppi preparare dei dialoghi e recitarli davanti ai compagni.

16. Sei già qui?

Aggiungere già e non ancora.

1. - Hai _____ mangiato?
   - No, _____ . Mangio più tardi.

2. - Hai _____ comperato il vino per Giorgio?
   - Sì, l'ho preso.

3. - Hai _____ letto tutto il libro di Salustri?
   - No, _____ , lo finisco stasera.

4. - Hai _____ completato le ricerche su Villa Gioconda?
   - No, _____ , volevo farlo domani.

17. Quando ci vediamo?

In piccoli gruppi preparare dei dialoghi e recitarli.

Giorgio propone a Paul di ritrovarsi il giorno dopo nel negozio di antiquariato, verso le 9. Paul accetta.

Sauro invita Juliette ad andare in discoteca. Juliette ha da fare e rimanda a sabato sera, verso le 11. Juliette invita anche Giorgio e Caterina.

Caterina vuole andare a cena con Agnese. Decidono per giovedì alle 8.

_____ _____ _____
_____ _____ _____
_____ _____ _____
_____ _____ _____
_____ _____ _____
_____ _____ _____
_____ _____ _____

18. Un nuovo amico

Completare il testo aggiungendo: *lo stesso, la stessa, gli stessi, le stesse*.

Caterina e Giorgio incontrano Paul all'Archivio di Stato. I tre hanno _____ _____
obiettivo: cercare informazioni su Villa Gioconda.

Paul è americano, di Boston, è in Italia da tre mesi e ha studiato storia dell'arte, ha _____
_____ passione di Caterina: la storia dell'arte e Villa Gioconda. Durante le ricerche per la tesi,
Paul ha trovato un libro di Carlo Alberto Salustri con molte informazioni sulla villa, _____
_____ che servono a Giorgio e a Caterina.

Giorgio, Caterina e Paul decidono di unire le forze e continuare la ricerca insieme: in fondo vogliono raggiungere
_____ _____ obiettivi.

Giorgio desidera festeggiare l'incontro e andare a cena al ristorante. Caterina, invece, ha promesso ad Agnese
di andare al cinema.

Dopo cena Paul invita Giorgio a casa sua per fargli vedere il libro di Salustri e bere un bicchiere di vino.

Paul ha una bella casa, ma si lamenta del prezzo degli affitti a Firenze che è molto alto. È _____
_____ in ogni grande città.

Giorgio invita Paul nella sua casa di campagna per la festa del suo compleanno, così hanno anche il tempo
di parlare di Villa Gioconda: parlano sempre degli _____ argomenti!

UNITÀ 4

1. Gli inviti

Riordinare i due dialoghi.

_____ Ma dai… per le 9, ok?

_____ Sì, grazie, tutto perfetto!

_____ Grazie a te. Ci vediamo!

_____ Ciao Sauro!

_____ Ma… penso di sì, ci sono parecchie ragazze, non ti preoccupare!

_____ … e nessuna per me.

_____ Sì, grazie, e tu come stai?

_____ Senti, sabato faccio quarant'anni e organizzo una festa, ci sono alcuni amici… vieni anche tu?

_____ Bene, a casa tua, sabato, e grazie per l'invito!

_____ Sì, volentieri… mi fa piacere. Chiedo a Gianni di sostituirmi in discoteca. Ci sarà parecchia gente?

_____ Ciao Giorgio, tutto bene?

_____ Ciao Silvia!

_____ Sicuramente… comunque grazie per l'invito!

_____ Molto bene, grazie, e tu?

_____ Oh… mi dispiace tanto, non posso. Sono a Roma per lavoro, rientro domenica.

_____ Certamente, volentieri, ci sentiamo per telefono!

_____ Senti, sabato festeggio il compleanno e organizzo una festa, ci sono alcuni amici… vieni anche tu?

_____ Che peccato, mi dispiace davvero.

_____ Ciao.

_____ Molto bene, grazie!

_____ Anche a me, mi dispiace molto, ma ci vediamo a cena la settimana prossima, ti va?

_____ Di nulla, ci sentiamo, ciao!

_____ Ciao Giorgio, come stai?

2. Venite alla festa?

Preparare dei dialoghi e recitarli.

1. Giorgio incontra Patrizia e invita lei e il suo fidanzato alla sua festa di compleanno. Patrizia accetta volentieri.

2. Giorgio incontra Enrico e lo invita alla sua festa di compleanno. Gli dice di portare anche la sorella Amelia con il marito Antonio. Enrico risponde che gli darà conferma il giorno dopo.

3. Caterina invita Juliette alla festa di compleanno di Giorgio, si mettono d'accordo per incontrarsi.

4. Giorgio incontra Roberta e Fabrizio, li invita alla sua festa di compleanno e loro accettano volentieri.

5. Giorgio incontra Letizia e Sergio, li invita alla sua festa di compleanno, ma non possono partecipare perché sono all'estero per lavoro. A loro dispiace molto.

3. La lista della spesa

È la festa di compleanno di Giorgio, organizzare un buffet per 40 persone.

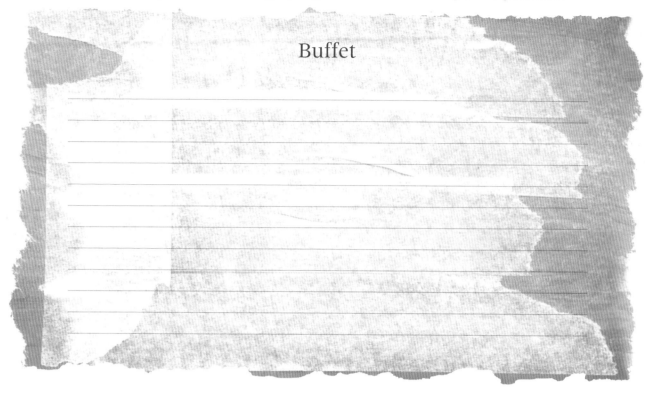

Buffet

4. Il negozio di frutta e verdura

Scrivere i nomi sotto le figure. Poi disegnare altri tipi di frutta e verdura.

Aglio, arancia, banana, cipolla, fragola, fungo, insalata, limone, mela, patata, pomodoro, uva

5. I negozi

Collegare le parole con le figure.

1. Il negozio di abbigliamento
2. Il negozio di articoli sportivi
3. Il negozio di calzature
4. Il negozio di frutta e verdura
5. Il supermercato
6. L'edicola
7. L'enoteca
8. L'erboristeria
9. La boutique
10. La cartoleria
11. La farmacia
12. La ferramenta
13. La libreria
14. La macelleria
15. La panetteria
16. La pasticceria
17. La pescheria
18. La profumeria
19. La tabaccheria
20. La lavanderia

6. Caccia al prezzo!

Scrivere i prezzi dei seguenti prodotti in Italia e nel proprio paese.

Quanto costa

		in Italia?	In _____ ?
un litro di			
un chilo di			
un chilo di			
un chilo di			
un chilo di			
un litro di			
un litro di			

7. Dove compero...?

Collegare gli articoli con i negozi appropriati e creare dei brevi dialoghi.

1. una torta
2. un chilo di carne di manzo
3. la sogliola
4. il giornale
5. i francobolli
6. l´insalata

a. edicola
b. pescheria
c. negozio di frutta e verdura
d. tabaccheria
e. macelleria
f. pasticceria

8. Il vino migliore

Creare un dialogo tra un negoziante di vini e un cliente che vuole acquistare uno di questi quattro vini toscani.

BRUNELLO DI MONTALCINO DOCG
Colore: rosso rubino
Gusto: secco
Gradazione alcolica minima totale: 12,5°
Abbinamenti con i cibi: selvaggina, carni rosse, grigliate.
Temperatura di servizio consigliata: 20-22°C stappare molte ore prima di servire.
Prezzo: 45 €

CHIANTI CLASSICO
Colore: rosso rubino
Gusto: secco
Gradazione alcolica minima totale: 12°
Abbinamenti con i cibi: arrosti, carni rosse, pollame, selvaggina, formaggi secchi.
Temperatura di servizio consigliata: 18-20°C stappare 1 ora prima di servire.
Prezzo: 25 €

VERNACCIA DI S. GIMIGNANO
Colore: giallo paglierino
Gusto: secco e fresco
Gradazione alcolica minima totale: 11°
Abbinamenti con i cibi: antipasti, pesce, cappelletti in brodo.
Temperatura di servizio consigliata: 10 °C.
Prezzo: 28 €

VINO NOBILE DI MONTEPULCIANO
Colore: rosso rubino
Gusto: secco
Gradazione alcolica minima totale: 12,5°
Abbinamenti con i cibi: arrosti, selvaggina, pollame nobile, tartufo.
Temperatura di servizio consigliata: 20°C stappare 2 ore prima di servire.
Prezzo: 22 €

9. Dalle regioni d'Italia

Abbinare il piatto o dolce alla regione di provenienza.

bistecca alla fiorentina	Veneto
cassata	Campania
panettone	Emilia Romagna
pizza	Lazio
polenta	Sicilia
saltimbocca alla romana	Lombardia
tortellini	Toscana

10. Un invito a cena

Preparare la lista della spesa e scrivere il menù della serata.

Lista della spesa	Menù

11. Proverbi

Completare il proverbio inserendo la parola appropriata al posto del disegno.

1. A chi _____ _____, Dio gli tolga _____.

2. Per fare _____ basta _____, per mantenerlo non basta _____.

12. Il mio proverbio

Dividersi in gruppi per nazionalità, disegnare un proverbio tipico del proprio paese d'origine. Gli altri cercano di indovinare il significato del proverbio.

13. I vestiti

Abbinare le parole ai vestiti.

1. berretto
2. bikini
3. borsa
4. calze
5. calzettoni
6. camicia
7. cappello
8. cappotto
9. cravatta
10. giacca
11. giaccone
12. gilet
13. gonna
14. guanti
15. maglietta
16. mutande
17. pantaloni
18. maglione
19. reggiseno
20. scarpe
21. scarpe da ginnastica
22. slip
23. stivali
24. vestito

14. Di che colore?

Colorare il disegno. Ogni numero corrisponde ad un colore.

bianco (1), azzurro (2), giallo (3), grigio (4), verde (5), marrone (6), rosso (7), rosa (8), nero (9), blu (10), viola (11), arancione (12)

15. Come ti vesti?

Descrivere e disegnare l'abbigliamento nelle seguenti situazioni nel proprio paese e in Italia.

In Italia   in _____

Cosa si indossa per andare a cena da amici?

_____   _____
_____   _____
_____   _____

Come ci si veste per un matrimonio?

_____   _____
_____   _____
_____   _____

Cosa si indossa per andare al corso di italiano?

_____   _____
_____   _____
_____   _____

Come ci si veste per andare in discoteca?

_____   _____

_____   _____

_____   _____

Come sei vestito?

_____   _____

_____   _____

_____   _____

16. Ma tu non sei elegante!

Collegare le figure con le definizioni.

1. un vestito troppo corto

2. una gonna troppo lunga

3. dei pantaloni troppo stretti

4. dei pantaloni troppo larghi

5. una maglietta a maniche corte

6. una camicetta a maniche lunghe

7. i pantaloni corti

8. un vestito senza maniche

9. una giacca chiara

10. un vestito a righe

11. una camicia a quadretti

12. una gonna a pois

17. Cruciverba

Risolvere il cruciverba inserendo la parola mancante che corrisponde al numero. Nelle caselle in neretto si legge la città raffigurata nell'immagine.

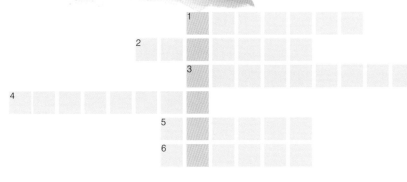

J.: Caterina, penso che mi nascondete (2) informazioni su Villa Gioconda!

C.: Ho promesso di non parlare a (1) di questo!

J.: Mah, a Villa Gioconda ci sono sicuramente (3) cose da scoprire.

C.: No comment!

J.: Hai incontrato (4) alla festa di Giorgio?

C.: Sì, c'erano (3) persone interessanti e divertenti, c'erano anche (5) amici cinesi di Giorgio. Quando parlavano tra loro non capivo (6)!

18. Alcune

Collegare le frasi con le frecce.

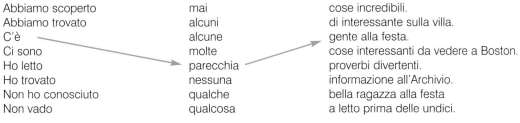

Abbiamo scoperto	mai	cose incredibili.
Abbiamo trovato	alcuni	di interessante sulla villa.
C'è	alcune	gente alla festa.
Ci sono	molte	cose interessanti da vedere a Boston.
Ho letto	parecchia	proverbi divertenti.
Ho trovato	nessuna	informazione all'Archivio.
Non ho conosciuto	qualche	bella ragazza alla festa
Non vado	qualcosa	a letto prima delle undici.

19. La lampada di Aladino

Esprimere cinque desideri (prima in forma scritta, poi in forma orale).

1. _____
2. _____
3. _____
4. _____
5. _____

20. Festa di compleanno

Completare il testo con: *nessuno/-a, alcuni/-e, qualche, parecchio/-a, niente, non*.

Nel tardo pomeriggio Caterina incontra di nuovo Juliette alla stazione centrale.
Juliette racconta la sua giornata: a scuola ha imparato _____ proverbi italiani, e poi ha fatto un giro in centro.
Anche Caterina racconta qualcosa della sua giornata: la mattina ha fatto lezione e nel pomeriggio è stata all'Archivio di Stato. Caterina dà ancora _____ informazioni su Villa Gioconda, ma dice solo qualcosa, perché ha promesso di non parlare a _____ della storia. Caterina, quando promette di non dire _____ a _____, non dice _____ !
Caterina invita poi Juliette alla festa di compleanno di Giorgio, che compie quarant'anni.
Juliette chiede come vestirsi e _____ idea per un regalo da portare a Giorgio.
Caterina le consiglia un abbigliamento sportivo e una buona bottiglia di vino rosso.
Caterina e Juliette si danno appuntamento per il giorno dopo, all'agriturismo Podere Santo Stefano, a _____ chilometro da Vinci.
Alla festa, Juliette conosce Giorgio e Paul: è una bella festa con _____ gente interessante. _____ invitati ballano.
Alla fine Giorgio vuole parlare da solo con Paul.
Cosa si devono dire in segreto?

Villa Gioconda

1. Messaggio in disordine

Juliette ha telefonato a Caterina e ha lasciato un messaggio sulla sua segreteria telefonica, ma qualcosa non ha funzionato. Mettere il messaggio nell'ordine giusto.

____ OK? Ci vediamo!

____ Sai dov'è?

____ Ciao!

____ E la trovi sulla tua destra.

____ Quando scendi dall'autobus,

____ davanti alla Libreria Feltrinelli verso le 5.

____ vai verso piazza San Marco

____ ci troviamo

____ Ciao Caterina,

2. Il regalo per Giorgio

Completare il dialogo tra Juliette e Caterina con i verbi al passato prossimo e i pronomi.

Juliette: Hai già **comperato** la pipa per Giorgio?
Caterina: Sì, **l'ho comperata** ieri.

Juliette: Dove (tu-comperare) _____?

Caterina: (Io-trovare) _____ da un tabaccaio specializzato in centro.

Juliette: È sicuramente molto bella. Io (comperare) _____ il vino.

(Prendere) _____ il Brunello

Caterina: (Tu-pagare) _____ molto?

Juliette: (Io-comperare) _____ all'enoteca. (Spendere) _____ € 30, non mi

sembra molto caro per un Brunello. Caterina: Hai ragione. Senti, ma… (Incontrare) _____

Sauro, per caso?

Juliette: Sì, (vedere) _____ la settimana scorsa, in autobus. Perché?

Caterina: Non (io-vedere) _____ più in giro.

Juliette: Non ti preoccupare, sta benissimo! È sempre il solito!

Caterina: Come ti vesti per la festa?

Juliette: Mi metto una maglia bianca e dei pantaloni blu. (Comperare) _____ dei pantaloni nuovi,

di lino.

Caterina: Dove (tu-comperare) _____?

Juliette: (Io comperare) _____ in un piccolo negozio in centro. Un affare! Erano scontati.

E tu… come ti vesti?

Caterina: Io indosso un vestitino rosso corto. (Io-trovare) _____ in un outlet.

3. Dov'è casa tua?

Disegnare una cartina secondo la spiegazione di Giorgio.

Sauro: Ciao Giorgio, sono Sauro, non riesco a trovare casa tua!

Giorgio: Dove sei ora?

Sauro: Boh! Sono in una strada di campagna e ho appena passato una casa con un cancello verde; più avanti ci sono delle luci, forse è un paese!

Giorgio: Sì, ho capito. La casa che vedi è l'agriturismo di un mio amico. Ci metti cinque minuti ad arrivare.

Sauro: Allora dove vado?

Giorgio: Ora ti spiego: torna indietro fino al bivio!

Sauro: Ok, ci torno, e poi?

Giorgio: Sì, torna indietro fino al bivio, gira a sinistra, dopo circa cinquecento metri trovi un cartello con scritto Molino; al cartello gira a destra e vai sempre dritto; in fondo alla strada c'è casa mia. Non ci vuole molto!

Sauro: A tra poco.

Giorgio: A dopo.

4. I regali di Giorgio

Descrivere i regali che ha ricevuto Giorgio per il compleanno.

5. A casa mia...

**Completare il dialogo scrivendo la parola al posto della figura.
Poi disegnare la piantina.**

Quando vedi a destra la 🏛 , vai ⬆, attraversi la 🏘 Garibaldi, al primo 🚦 ,

giri a ↩ . Passi davanti al 🎬 Astra e prosegui fino alla 🚃. Dopo la 🚃, che è

a ↩, all' ✕ giri a ↪. Dopo 500 metri, arrivi a una 🔄 e prendi per Firenze.

C'è una 🚗 e a destra la 🛑 con un grande 🚗 .

Il numero 5 è di fronte al 🏠 : sei arrivato.

6. Guidare nel traffico

Collegare parole e simboli.

1. Girare a sinistra   a.

2. Ritornare indietro   b.

3. Andare avanti/dritto   c.

4. Attraversare la piazza   d.

5. Passare l'incrocio   e.

6. Girare a destra   f.

7. Al telefono

Simulare una conversazione telefonica.

Pronto!

| Vorrei parlare con
C'è
Posso parlare con | il dottor Novello
Giorgio | per favore?
per piacere?
per cortesia? |

| Il dottor Novello
Giorgio | non è in negozio.
non è in casa.
non è in ufficio.
è in viaggio per lavoro.
è a un meeting.
è in ferie. | |

| Vorrei lasciare | un messaggio. |

Quando posso richiamare?
Quando ritorna?

| Può farmi richiamare | per favore?
per piacere?
per cortesia? |

Richiamo domani!

Grazie, arrivederci!
A presto!
Ci sentiamo domani!

Come, scusi?
Cosa?
Come ha detto, scusi?

| Scusi, non ho capito!
Può ripetere, | per favore?
per piacere?
per cortesia? |

La linea è disturbata.
Non c'è campo.

8. Chi parla con chi al telefono?

Ricostruire i tre dialoghi e riscriverli su tre schede diverse.

_____ Ah, Paul, ciao, come stai?

_____ Anche bene, grazie, dimmi…

_____ Arrivo, a dopo, ciao.

_____ Benissimo! Dove ci troviamo?

_____ Boh… sono in una strada di campagna e ho appena passato una casa con un cancello verde.

_____ Ci torno e poi?

_____ Ci vediamo tra poco allora!

_____ Ci verrei volentieri, Paul, ma purtroppo sono impegnata con mia madre e le sue amiche.

_____ Ciao Caterina! Dimmi!

_____ Ciao e grazie!

_____ Ciao Sauro, dimmi…

_____ Ciao sono Caterina!

_____ Ciao!

_____ Ciao! Sono Paul!

_____ Ciao! Sono Sauro.

_____ Comunque grazie per l'invito. A presto! Ciao!

_____ Dispiace anche a me Paul, ma rimandiamo a un altro giorno!

_____ Dove sei ora?

_____ Dove vado?

_____ Finisco anch'io alle 4. Ci vediamo a Palazzo Pitti alle 4 e mezzo?

_____ Grazie a te, Juliette…

_____ Ho capito. Ci metti cinque minuti.

_____ Io sono a scuola fino alle 4, tu a che ora finisci all'accademia?

_____ Ma certo, volentieri! Così compriamo insieme anche il vino per Giorgio!

_____ Mi deludi, Patrizia! Come puoi preferire tua madre a me?!

_____ Mi sono perso, non riesco a trovare casa tua!

_____ Molto bene, grazie, e tu?

_____ Ok, capito! Grazie!

_____ Ora ti spiego… torna indietro fino al bivio.

_____ Perfetto, allora alle 4 e mezzo! Grazie!

_____ Poi gira a sinistra e dopo circa 500 metri gira a destra in direzione "Molino". In fondo alla strada c'è casa mia.

_____ Pronto!

_____ Pronto!

_____ Pronto!

_____ Senti, vorrei comprare una pipa per Giorgio, vieni con me?

_____ Va bene, Patrizia… rimandiamo!

_____ Volevo invitarti in discoteca, al Trendy, domani sera… ti va…? Sai ci lavora un amico.

9. Firenze

Costruire dei brevi dialoghi con il compagno, chiedendo e dando informazioni stradali in base piantina.

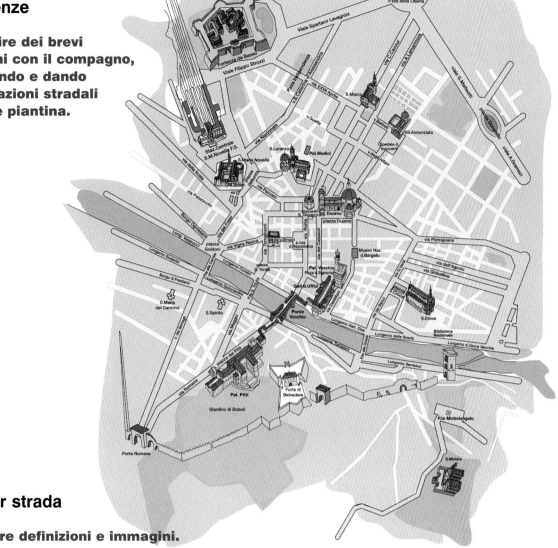

10. Per strada

Abbinare definizioni e immagini.

La strada a senso unico, il segnale di precedenza, il bivio, il divieto di accesso, il tornante, il cantiere/lavori in corso, l'incidente, la coda, il passaggio a livello, la rotatoria.

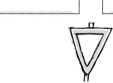

11. Cos'è?

Lavorare in coppia. Uno studente sceglie un oggetto della vignetta, mentre l'altro cerca di indovinare l'oggetto. Usare le parole date per chiedere informazioni.

Sopra, sotto, di fianco, di fronte, accanto, vicino, davanti, dietro

Es.: - È **sopra** il tavolo?
- No.

12. Quanto ci metti? Quanto ci vuole?

Lavoro in coppia. Completare i dialoghi e recitarli.

- Quanto **ci metti** da Trieste a Venezia?
- **Ci vogliono** circa 2 ore.

1. - Quanto _____ Anna per arrivare a casa?
   - _____ dieci minuti.

2. - Quanto (voi) _____ per arrivare a scuola?
   - _____ un quarto d'ora.

3. Quanto _____ Paola e Alessandro per arrivare alla stazione con l'autobus?
   - _____ circa mezz'ora.

4. Quanto _____ Silvia da Firenze a Siena?
   - _____ circa un'ora e mezzo.

5. - Quanto (noi) _____ per fare questo esercizio?
   - È facile: _____ due minuti!

6. - Quanto (io) _____ a fare un chilometro a piedi?
   - _____ tre ore col tuo passo!

1. La risposta giusta

Scegliere le affermazioni corrette.

1. Villa Gioconda:
a. risale al Cinquecento.
b. risale al Settecento.
c. risale al Medioevo.
d. è appartenuta a Leonardo da Vinci.
e. appartiene a Giorgio.
f. si trova in collina.
g. si trova nel centro di un paese.
h. è soleggiata.
i. è circondata dal verde.
l. è sotto la stella Nuria.

2. Leonardo da Vinci:
a. era un ingegnere.
b. era un pittore.
c. era un mago.
d. era un contadino.
e. era un mercante.
f. era nato a Bologna.
g. ha dipinto "La Gioconda".
h. ha abitato in Toscana.
i. ha passato molto tempo in Germania.
l. ha costruito Villa Gioconda.

2. Villa Gioconda

Completare con i verbi dati all'imperfetto indicativo.

Andare, approfittare, bere, chiudersi, dipingere, dipingere, essere, essere, essere, essere, favorire, mangiare, passare, produrre, ricevere, sorgere, trovare.

Nel Cinquecento la Villa di Leonardo _____ molto famosa, forse perché _____

su una bella collina soleggiata, circondata dal verde dei cipressi e isolata dal resto del mondo.

Leonardo non _____ superstizioso, ma appassionato di astrologia.

_____ convinto che ogni anno, in un determinato giorno di primavera, _____ sopra

Villa Gioconda la stella Nuria da lui stesso scoperta.

Questo evento _____ un'energia particolare che _____ la produzione artistica.

Così Leonardo _____ spesso alla villa, perché là _____ una particolare aspirazione.

In quel periodo _____ giorno e notte e _____ dell'energia creativa.

Si racconta che, quando Leonardo _____, nella villa, _____

non _____, non _____, non _____ amici,

perché _____ intento al suo lavoro.

3. Domande

Rispondere alle domande.

1. A quale epoca risale Villa Gioconda?

2. Chi poteva essere il proprietario della villa?

3. Chi era Leonardo da Vinci?

4. Perché Leonardo lavorava volentieri a Villa Gioconda?

5. Dove è situata la villa?

6. Qual era la passione di Leonardo legata a Villa Gioconda?

7. Qual era, secondo Leonardo, il potere della stella Nuria?

4. Più giovane, più vecchio?

Confrontare i personaggi di Villa Gioconda.

Sauro è più giovane di Giorgio.

5. Più o meno

Mettere a confronto le immagini come nell'esempio.

colline toscane   colline del Monferrato

paesaggio alpino   paesaggio apenninico

Le colline toscane sono più dolci delle colline del Monferrato.

_____

_____

campagna marchigiana   campagna veneta

Venezia   Firenze

_____

_____

_____

_____

Mar Tirreno   Mar Adriatico

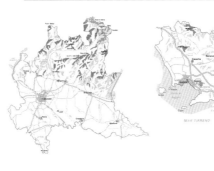

Lombardia   Campania

_____

_____

_____

_____

aereo   automobile

bicicletta   nave

_____

_____

_____

_____

6. Dove?

Unire con le frecce le domande alle risposte.

1. Di dove sei?
2. Che fai qui?
3. Dove si trova la villa?
4. In che zona di Parigi abiti?
5. A che ora è la festa?
6. Come si chiama?
7. Quando andate a Villa Gioconda?
8. Cosa prendi?
9. Perché l'archivio non è completo?
10. Chi è l'uomo misterioso?
11. Cosa vuoi sapere di preciso?
12. Come andate a Villa Gioconda?

a. La villa si trova sulle colline, fuori città.
b. Non abbiamo ancora completato l'inserimento dei dati.
c. Sono un invitato alla festa!
d. Un caffè, grazie.
e. Sono di Firenze.
f. Incomincia alle otto.
g. Cesare Vallini.
h. Vicino all'Istituto Italiano di Cultura.
i. Andiamo con la macchina di Sauro.
l. I vostri piani su Villa Gioconda.
m. Domani alle nove.
n. Leonardo da Vinci!

7. Come sono gli italiani?

Dare la propria opinione sugli italiani e sugli abitanti del proprio paese di origine. Valutare le caratteristiche da 1 a 6 e riportarle nel grafico. Discutere i risultati. Se più studenti provengono dallo stesso paese, possono lavorare insieme.

come sono gli italiani?   come sono...

sono tutti
simpatici!

	1	2	3	4	5	6	
dinamico							pigro
lavoratore							scansafatiche
modesto							presuntuoso
coraggioso							pauroso
tollerante							intollerante
fantasioso							senza fantasia
affidabile							imprevedibile
di ampie vedute							meschino
spiritoso							senza senso dell'umorismo
sincero							ipocrita
pacifico							attaccabrighe
colto							ignorante
affettuoso							freddo
elegante							trasandato

8. Sei dinamico?

Collegare la caratteristica personale con la sua descrizione.

1. creativo
2. sincero
3. fedele
4. freddo
5. dinamico
6. energico
7. tollerante
8. malinconico
9. ordinato
10. espansivo

a. è molto deciso
b. sembra pensieroso
c. è molto attivo
d. ha rispetto per gli altri
e. costante nei sentimenti
f. ha grandi capacità inventive
g. dice sempre la verità
h. non si lascia prendere dalle emozioni
i. è cordiale nei rapporti con gli altri
l. ama la precisione

9. Segni zodiacali

Leggere il seguente testo.

 ARIETE (21 marzo - 20 aprile)

Segno di Fuoco dominato da Marte e Plutone.
L'Ariete possiede grande forza ed energia, è sempre pronto a prendere l'iniziativa. Istintivo e dinamico, romantico, energico, indipendente, coraggioso, disordinato, poco riflessivo. Le professioni a lui più congeniali sono: il designer, il rappresentante, lo scrittore, l'avvocato, il politico e l'attore. Si esprime in modo brusco, vive la passione con molto trasporto e non è sempre fedele.

 TORO (21 aprile – 20 maggio)

Segno di Terra dominato da Venere.
Il Toro ama l'arte, la bellezza in ogni sua manifestazione, la forza non solo fisica. È abitudinario e realistico, anche in amore, ama la sicurezza psicologica e materiale. È resistente, calmo, paziente, intelligente. Si arrabbia raramente. È costante in amore. Le professioni a lui più congeniali sono: l'arredatore, l'insegnante, il cuoco.

 GEMELLI (21 maggio – 21 giugno)

Segno d'Aria dominato da Mercurio.
I Gemelli hanno un carattere sereno, affascinante, brillante, pieno di fantasia, impaziente, attivo e contraddittorio. Qualche volta sono pessimisti. Non si legano facilmente, hanno un grande senso dell'indipendenza. Amano la vita all'aria aperta e il giardino. Le professioni a loro più congeniali sono: il politico, il manager, il commerciante, l'avvocato.

 CANCRO (22 giugno – 22 luglio)

Segno d'Acqua dominato dalla Luna.
I nativi del Cancro sono "lunatici" alternano malinconia e allegria; sono dolci, capricciosi, enigmatici, fantasiosi e amano la tradizione. Adorano il lusso, i viaggi, una casa preziosa con mobili e oggetti antichi. Odiano la violenza. Le professioni a loro più congeniali sono: l'arredatore, l'antiquario, l'avvocato, il maggiordomo.

 LEONE (23 luglio – 23 agosto)

Segno di Fuoco dominato dal Sole.
Le caratteristiche di questo segno sono l'indipendenza, la libertà, l'autorità. I nativi di questo segno sono ottimisti, molto determinati, generosi ma anche egocentrici. Amano il lusso e il potere, la bella vita, la ricchezza e la mondanità. In amore sono molto generosi e passionali. Le professioni a loro più congeniali sono: l'attore, il diplomatico, il libero professionista, l'imprenditore.

VERGINE (24 agosto – 22 settembre)

Segno di Terra dominato da Mercurio.
Le caratteristiche dei nati della Vergine sono la precisione, l'analisi, la pignoleria, l'efficienza. Sono piuttosto severi e razionali. Per loro il denaro ha molta importanza e vivono molto bene, anche se non sopportano gli sprechi. Amano la casa che è sempre molto ordinata. L'amicizia è molto importante. Le professioni a loro più congeniali sono: il disegnatore tecnico, l'insegnante, il redattore, il chimico, l'analista. In amore sono piuttosto introversi e schivi ma hanno grande bisogno di aver vicino un compagno/una compagna.

BILANCIA (23 settembre – 22 ottobre)

Segno d'Aria dominato da Venere.
I nativi della Bilancia sono simpatici, gentili, equilibrati, ordinati ed hanno grande capacità d'adattamento. Sono molto sensibili e si scoraggiano facilmente davanti alle sconfitte. Amano la bellezza e l'eleganza, odiano le discussioni e sanno esprimere giudizi razionali e imparziali su ogni argomento. Le professioni a loro più congeniali sono: l'antiquario, il carrozziere, il libero professionista. Per loro sono indispensabili amicizia e amore sincero. In amore sono possessivi e fedeli e non sopportano discussioni e volgarità.

SCORPIONE (23 ottobre – 22 novembre)

Segno d'Acqua dominato da Marte.
Lo Scorpione ha una personalità complessa e contraddittoria. E' profondamente serio, autoritario, geloso, possessivo, intuitivo. All'apparenza è freddo, introverso, polemico e lunatico, ma anche forte e molto disponibile. Ha una personalità coraggiosa e intraprendente. Le professioni a lui più congeniali sono: lo psicologo, l'uomo d'affari, il ricercatore. In amore è molto passionale e si dedica completamente al partner.

SAGITTARIO (23 novembre – 21 dicembre)

Segno di Fuoco dominato da Giove.
I nativi del Sagittario sono personalità allegre, sincere, fedeli, curiose, espansive e fiduciose. Amano i viaggi, gli animali e la natura. In amore sono leali e sinceri, nelle amicizie molto fedeli. Le professioni a loro più congeniali sono: il giudice, lo scienziato, l'astronauta, la guida turistica, l'agente di viaggio.

CAPRICORNO (22 dicembre – 20 gennaio)

Segno di Terra dominato da Saturno.
Il nativo del Capricorno è deciso, malinconico, freddo, ambizioso, e lavora molto. Sa formulare obiettivi e realizzarli. Qualche volta è impulsivo, ma in fondo timido e insicuro. Le professioni a lui più congeniali sono: l'imprenditore, l'assicuratore, l'agente immobiliare, il bancario. In amore è serio, costante e molto fedele.

ACQUARIO (21 gennaio - 19 febbraio)

Segno d'Aria dominato da Saturno e Urano.
L'Acquario è sincero, altruista, creativo, pieno di interessi, nervoso, vanitoso, intuitivo, fantasioso, divertente.
Prova rancore se si sente deluso. In amore e nell'amicizia è divertente e piacevole.
Le professioni a lui più congeniali sono: il poeta, l'astronomo, l'aviatore ed il fabbro.

 PESCI (20 febbraio – 20 marzo)

Segno d'Acqua dominato da Giove e Nettuno.
I Pesci sono sensibili, permalosi, pieni di fantasia, indecisi, pazienti, dolci, tolleranti e dei veri artisti.
Hanno un carattere riservato. In amore e in amicizia sono molto fedeli. Per loro l'amicizia e l'amore veri e duraturi sono valori di fondamentale importanza. Le professioni a loro più congeniali sono: il calciatore, l'infermiere, il meccanico e il fotografo.

10. Le caratteristiche dei segni

Collegare il segno zodiacale con le caratteristiche personali.

1. Ariete
2. Toro
3. Gemelli
4. Cancro
5. Leone
6. Vergine
7. Bilancia
8. Scorpione
9. Sagittario
10. Capricorno
11. Acquario
12. Pesci

a. tollerante, sensibile, spirito artistico
b. disponibile, coraggioso, intraprendente
c. simpatico, gentile, equilibrato
d. ordinato, severo, preciso
e. deciso, ambizioso, lavoratore
f. nervoso, vanitoso, intuitivo
g. sincero, fedele, curioso
h. affascinante, brillante, pieno di fantasia
i. forte, indipendente, determinato
l. malinconico, dolce, capriccioso
m. energico, indipendente, coraggioso
n. calmo, paziente, intelligente

11. I comparativi

Collegare con una freccia le forme corrispondenti.

1. migliore
2. peggiore
3. maggiore
4. minore
5. inferiore

a. più piccolo
b. più buono
c. più basso
d. più cattivo
e. più grande

UNITÀ 7   *Villa Gioconda*

1. Monna Lisa

Disegnare il corpo di Monna Lisa e descriverla scegliendo tra le espressioni date.

Com'è?

- È giovane/è vecchia
- È alta/è bassa
- È grassa/è magra
- Ha i capelli: corti/lunghi - lisci/ricci
- È bionda/mora/castana
- Ha gli occhi: chiari/scuri - azzurri/castani/verdi/neri

2. Brutto o bello?!

Ordinare gli aggettivi secondo l'intensità dal più negativo al più positivo.

1. _____ meraviglioso
2. _____ orrendo
3. _____ bruttissimo
4. _____ bellissimo
5. _____ carino
6. _____ brutto
7. _____ bello

> _____

> _____

> _____

> _____

> _____

> _____

> _____

3. Le parti del corpo.

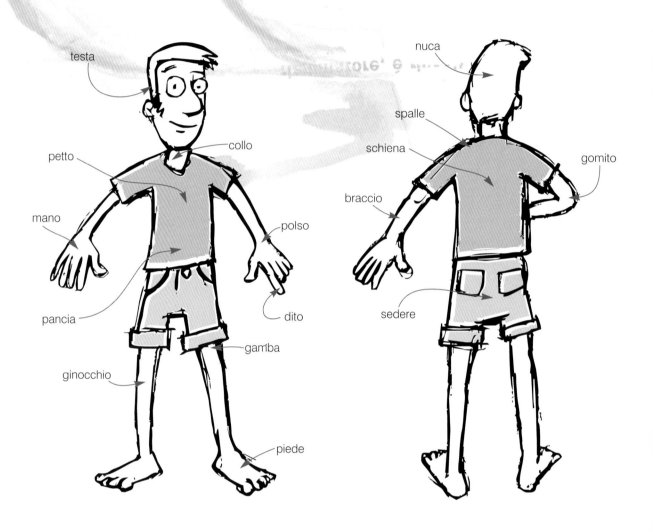

testa

collo

petto

mano

polso

pancia

dito

gamba

ginocchio

piede

nuca

spalle

schiena

gomito

braccio

sedere

capelli

fronte

sopracciglia

occhio

guancia

naso

labbro

bocca

collo

mento

spalla

4. Parole, parole...

Trovare nella tabella le seguenti parole che si riferiscono a parti del corpo:

bocca, braccio, capelli, collo, dito, fronte, ginocchio, guancia, labbro, mano, mento, naso, occhio, pancia, petto, piede, polso, sedere, sopracciglia, spalla, testa

S	O	P	R	A	C	C	I	G	L	I	A
E	A	R	F	H	K	U	M	I	L	R	B
D	B	P	E	T	T	O	S	N	A	S	O
E	O	B	R	A	C	C	I	O	E	D	C
R	C	H	I	D	I	L	O	C	E	D	R
E	D	A	D	G	U	A	N	C	I	A	E
F	S	R	P	Z	E	B	N	H	C	V	V
C	E	C	A	P	E	L	L	I	E	D	D
V	P	G	N	S	M	A	N	O	R	T	I
B	O	C	C	A	D	V	B	N	M	O	T
E	L	R	I	U	I	O	C	C	H	I	O
G	S	P	A	L	L	A	R	A	I	D	E
P	O	R	T	A	Q	U	E	C	N	T	D
C	D	E	G	B	U	M	D	P	M	E	S
O	R	D	B	B	I	E	B	I	L	S	F
L	I	F	F	R	O	N	T	E	P	T	I
L	L	V	E	O	U	T	N	D	E	A	L
O	E	C	F	A	L	O	E	E	E	T	O

5. Cosa stanno per fare?

Descrivete la scena usando *stare per*.

Sauro sta per salire sul pullman.

6. Come entrare nella villa?

Scrivere il piano di Giorgio per entrare nella villa.

_____

_____

_____

_____

_____

_____

7. Alla villa

Completare con *tutto*, *altro*, *troppo* nella forma corretta.

Sauro porta _____ alla Villa: Giorgio, Caterina, Paul, manca solo Juliette che è in viaggio per Parigi.

Giorgio ha visto nella villa un uomo alto, magro, con la barba. Forse ha qualcosa da nascondere.

Giorgio ha un piano per entrare, ma forse serve un'_____ idea; Paul e Caterina non sono tanto

convinti del piano, forse Giorgio ha _____ entusiasmo ed è _____ precipitoso.

Per questo motivo _____ decidono di ritornare un _____ giorno.

Quando stanno per tornare indietro vedono Juliette che sta per aprire il cancello della villa.

Adesso lei deve spiegare _____.

8. Chi sono? Come sono?

Parlare di sé stessi completando la mappa.

la mia famiglia

_____

_____

_____

dove abito

_____

il mio aspetto fisico

_____

_____

_____

_____

il mio nome

il mio carattere

_____

_____

_____

_____

i miei hobby

_____

la mia professione

_____

_____

_____

9. D'accordo o no?

Ricopiare le frasi nella tabella a fianco stabilendo se esprimono accordo o disaccordo; aggiungerne altre. L'attività può essere fatta anche a squadre.

Ma nemmeno per sogno!
Certamente.
Sono d'accordo.
Sì.
Ok.
Mah… speriamo bene.
Non sono convinta.
No.
Decidi tu.
Va bene.
Come vuoi.
Se proprio vuoi.
Non sono d'accordo!
Tu sei matto!
Ci sei o ci fai?
È una buona idea!
Lasciamo perdere.
Fa lo stesso.

🙂	😐	🙁

75

10. Gusti e preferenze

Lavorare in coppie: parlare dei propri gusti e preferenze.

1. Che tipo di musica preferisci?

   - _____

2. Cosa ti piace leggere?

   - _____

3. Quali sono i tuoi piatti preferiti?

   - _____

4. Come ti piace vestire?

   - _____

5. Che sport ti piace fare?

   - _____

11. In vacanza

Lavorare in coppie. Scrivere il resoconto della vacanza del compagno.

Dove sei stato in vacanza?
A che ora ti alzavi?
Come organizzavi la giornata?
Cosa prendevi per colazione?
Cosa facevi di mattina?
Dove pranzavi?
A che ora cenavi?
Cosa facevi dopo cena?
Cosa ti ha colpito di questa vacanza in particolare?
Cosa hai fatto di insolito durante questa vacanza?

_____ è stato in vacanza a _____ , si alzava ogni mattina alle _____

_____

_____

_____

_____

_____

_____

_____

_____

_____

12. Che musica ti piace?

Completare il dialogo tra Sauro e Juliette.

Sauro: Ti piace ballare?

Juliette: ☺ _____ , specialmente _____ . E a te piace ballare?

Sauro: ☺ _____ . Che musica preferisci?

Juliette: ☺ _____ la musica barocca: Bach, _____ , ma anche

_____ . E a te che musica piace?

Sauro: _____ .

Juliette: Ti piace anche la musica _____ ?

Sauro: ☹ _____ .

Juliette: E l'opera ti piace?

Sauro: ☹ _____ .

13. Annunci matrimoniali

Leggere gli annunci e inserire le informazioni nella tabella, poi aggiungere i dati mancanti. Quali potrebbero essere le coppie migliori?

33 enne, scapolo e solo, bella presenza, sportivo, amante viaggi e fotografia, cerca LEI graziosa, semplice per vita tranquilla, ev. matrimonio.
Fermo posta C.I. 5455B1212 Piacenza

28enne, nubile, lavoratrice instancabile, carina, rossa di capelli, cerca LUI benestante e sincero.
Con foto, rispondo a tutti.
Fermo Posta Centrale. Patente 456456456, Roma

38 enne bella presenza e ottima posizione sociale, molto sportivo, non fumatore, sposerebbe bellissima fotomodella, media statura, belle proporzioni, anche se povera.
Fermo Posta Pat. 56365 Napoli.

Ragazza madre, delusa per le esperienze precedenti, sensibile e graziosa, cerca compagno di buon carattere, educato, serio, amante bambini e giardinaggio, di buona posizione sociale.
Fermo posta C.I. 744754565 Treviglio (Bergamo)

stato civile				
professione				
condizione sociale				
età				
qualità				
aspetto				
hobby				

14. Che facciamo?

Lavorare in coppia: esprimere accordo o disaccordo, in base ai disegni, completando i dialoghi.

Caterina: Rimandiamo questa visita!

Paul: ☹ _____

Giorgio: ☹ _____

Sauro: Andiamo in discoteca stasera?

Juliette: ☹ _____

Caterina: ☺ _____ e poi _____ !

Giorgio: Andiamo al mare il fine settimana?

Caterina: ☺ _____ e tu Juliette?

Juliette: ☺ _____ , chiediamo a Paul se viene anche lui?

Paul: ☹ _____

Caterina: Andiamo al concerto degli Zero Assoluto?

Giorgio: ☹ _____

Juliette: ☺ _____

15. Rebus

Risolvere i rebus.

È un piatto di pesce: [gambe] [re] *tti* _____

È una professione: [mano] *vale* _____

Un recipiente per la birra: [bocca] *le* _____

Una parte del corpo: [GIN] [occhio] _____

Servono per vedere: [occhi] [farfalla] _____

UNITÀ 8

1. Leandro bambino

Riordinare il testo.

☐ è stata per lui il più bel giorno della sua vita.

☐ di Leonardino, perché sapeva disegnare

☐ Quando Leandro era

☐ come funzionavano. Gli era

☐ molto bene. Giocava sempre con il meccano ed era

☐ sempre piaciuto andare in aereo e la sua prima esperienza di volo

☐ i treni passare. Voleva sapere

☐ bambino, aveva ereditato già il soprannome

☐ curioso di guardare la mamma mentre cucinava. Gli piaceva prendere il treno, ma preferiva guardare

2. Quando ero piccolo

Descrivere le proprie abitudini dell'infanzia e chiedere al compagno quali erano le sue.

- Quando ero piccolo **andavo** in vacanza in montagna. E tu?
- Io invece **andavo** al mare.

3. Quando ero bambino

Descrivere le abitudini del passato, completando le frasi secondo la vignetta.

- Quando ero piccolo **mi facevo male** spesso. E tu?
+ Io invece stavo molto attento, perché a tre anni **mi sono rotto** una gamba e **mi sono spaventato**.

-_____ -_____ -_____ -_____ -_____

+_____ +_____ +_____ +_____ +_____

-_____ -_____ -_____ -_____ -_____

+_____ +_____ +_____ +_____ +_____

4. Cosa manca?

Ricostruire il testo, inserendo le seguenti parole:

aereo, aereo, agenzia, andata, andata, biglietti, biglietto, cambio, coincidenza, cuccetta, informazioni, offerta, orari, prenotazione, prezzi, prezzo, ritorno, ritorno, treno, vagone.

Juliette vuole andare a Parigi.

Va all'_____ viaggi per avere alcune _____.

Juliette chiede all'impiegato gli _____ del treno e dell'aereo con i rispettivi _____.

C'è un'_____ speciale per il viaggio in treno: il _____ costa 29 euro per l'andata

e 29 euro per il _____ Il biglietto ha però delle restrizioni: non si può modificare la

_____, una volta comprato non è più rimborsabile e ha un contingente limitato. Questo vuol dire

che è disponibile soltanto un numero di _____ limitato acquistabile con questa tariffa, una volta

venduti tutti, si dovrà pagare il _____ normale che è di 130 euro per l'_____ e 130

euro per il ritorno.

Juliette può viaggiare di giorno con il _____ che parte da Firenze alle 12.19 e arriva a Parigi alle 22.53. Deve cambiare a Losanna, dove ha soltanto 15 minuti per prendere la _____ .

Il treno della notte parte da Firenze alle 20.53 e arriva a Parigi alle 9.10 del giorno dopo. Il _____ è a Zurigo. Juliette può prenotare un posto a sedere, una _____ , o un _____ letto.

L'impiegato consiglia Juliette comunque di prendere l'_____ perché risparmia molto tempo.

Il volo di _____ e ritorno più a buon mercato costa 214,29 euro. L' _____ parte alle 10.15 da Firenze e arriva a Parigi alle 12.10. Per il _____ l'aereo parte alle 10.15 e arriva alle 16.15.

5. Alla stazione

Leggere il seguente testo.

in aereo

in pullman

in treno

A che ora	parte	il treno	per	Roma?
		l'aereo		Firenze?
		il pullman		Napoli?
A che ora	arriva		da	Pisa?

6. Il biglietto del treno

Riordinare il dialogo: Juliette chiede informazioni su un biglietto Firenze – Parigi.

_____ 130 euro, ma ci sono anche degli sconti speciali.

_____ Abbiamo un'offerta speciale a 29 euro, ma non può cambiare la prenotazione e una volta comprato il biglietto non è più rimborsabile.

_____ Andata e ritorno?

_____ Beh... c'è un treno dopo... ma speriamo di no.

_____ Bene, allora ci penso.

_____ Buongiorno!

_____ Buongiorno, prego.

_____ Che tipo di posto preferisce? Il posto a sedere, la cuccetta da 6 o a 3 persone o il vagone letto a 2 persone o da sola?

_____ Costa 320 euro.

_____ Devo cambiare?

_____ E gli orari?

_____ E il treno della notte?

_____ E se il treno ha ritardo?

_____ Grazie a lei, buona giornata!

_____ La cuccetta da 3 persone.

_____ Mi dica.

_____ Molte grazie, arrivederci.

_____ Parte da Firenze alle 20.53 e arriva a Parigi alle 9.10 del giorno dopo.

_____ Preferisco viaggiare di giorno, ma vorrei sapere anche l'orario dei treni notturni.

_____ Prima o seconda classe?

_____ Può partire alle 12.19 e arriva a Parigi alle 22.53.

_____ Quanto costa il biglietto?

_____ Quanto costa il biglietto?

_____ Seconda classe.

_____ Sì.

_____ Sì, deve cambiare a Losanna, ha un quarto d'ora di tempo.

_____ Sono gli stessi di prima.

_____ Vorrei sapere quando parte il treno per Parigi, per favore.

_____ Vuole viaggiare di giorno o di notte?

7. Le fermate intermedie

Ecco il treno per Parigi. Indicare le fermate intermedie servendosi delle informazioni date e rispondere poi alle domande.

Gli orari:

partenza:	Firenze	ES	07.08
arrivo:	Milano		10.00
partenza:	Milano	EC	10.25
arrivo:	Brig		12.40
partenza:	Brig	IR	12.59
arrivo:	Ginevra		15.24
partenza:	Ginevra	TVG	16.43
arrivo:	Parigi		20.22

Le fermate intermedie:
BOLOGNA: è la seconda fermata dopo Firenze.
BOURG-EN-BRESSE: è la seconda fermata
dopo Losanna.
BRIG: viene dopo Domodossola.
DOMODOSSOLA: si trova tra Stresa e Brig.
FIRENZE: è la stazione di partenza.
GINEVRA: è prima di Bourg-en-Bresse.
LOSANNA: è tra Montreux e Ginevra.
MILANO: viene dopo Bologna.
MONTREUX: è dopo Brig.
PARIGI: è la stazione di arrivo.
PRATO: viene prima di Bologna.
STRESA: è vicino a Milano.

Gli orari di arrivo alle fermate intermedie:
7.24, 8.16, 10.00, 11.26, 11.55, 12.40, 14.18,
14.40, 15.24, 18.21, 20.22

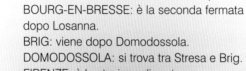

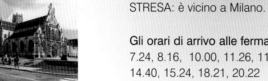

1. A che ora arriva il treno a Stresa?
2. A che ora parte il treno da Milano?
3. A che ora arriva il treno a Bologna?
4. Quanto tempo impiega il treno da Ginevra a Parigi?
5. A che ora arriva il treno a Brig?
6. A che ora arriva il treno a Montreux?
7. Quanto tempo occorre tra Losanna e Ginevra?
8. Dove si deve cambiare treno?
9. Quanto tempo c'è per prendere le coincidenze?
10. Quanto dura il viaggio?

8. I treni Eurostar

I treni Eurostar (ES*) sono dedicati a chi ricerca elevati standard di comfort e velocità, e collegano con orari cadenzati le principali località italiane per arrivare rapidamente in centro città.
La flotta è composta da treni moderni ed esclusivi con vetture climatizzate.
A bordo treno non è consentito fumare.
Il servizio di prima classe include un drink di benvenuto e il giornale sui treni del mattino.
A bordo treno è attivo un servizio di pulizia.
Sono disponibili servizi di ristorazione al bar o in sala con servizio al tavolo.
Il biglietto include la prenotazione del posto. Sul biglietto sono indicate le informazioni relative al viaggio e al posto prenotato.
Eurostar offre ai suoi clienti la facilità di Ticketless, il biglietto elettronico di Trenitalia, e ai titolari di Cartaviaggio Executive e Carta Club Eurostar privilegi e attenzioni esclusive.
Per informazioni e acquisto biglietti: www.trenitalia.com, Call Center Trenitalia (89 20 21 senza prefisso, opzione 2).
Fonte: www.trenitalia.it

Vero o falso?

	vero	falso
1. I treni Eurostar sono comodi e veloci.	☐	☐
2. I treni Eurostar non hanno l'aria condizionata.	☐	☐
3. Sui treni Eurostar ci sono vagoni per fumatori.	☐	☐
4. In seconda classe la mattina si ha in regalo il giornale.	☐	☐
5. Sul treno c'è il bar con servizio al tavolo.	☐	☐
6. Sui treni Eurostar la prenotazione è obbligatoria.	☐	☐
7. I treni Eurostar si fermano anche nelle stazioni piccole.	☐	☐
8. È possibile acquistare il biglietto per un treno Eurostar per telefono.	☐	☐

9. Il tabellone SUDOKU

Completare il tabellone con le informazioni date.

Binario	BINARIO 1	BINARIO 2	BINARIO 3	BINARIO 4	BINARIO 5
Tipo					
Destinazione					
Orario partenza					
Orario arrivo					

Il treno delle 18.39 è un ES.
Il treno per Siena parte alle 18.15.
Il treno delle 18.08 parte dal binario n. 5.
Il treno arriva a Trieste alle 23.34.
Il treno per Bologna è un IC.
Il treno Regionale arriva a destinazione alle 20.02.
Il treno Interregionale va a Venezia.
Il treno EC arriva alle 20.10.
Il treno per Roma parte alle 18.04.
Il treno che arriva a destinazione alle 19.31 parte dal binario 3.
Il treno per Siena è un regionale.
Il treno che parte alle 18.39 arriva a destinazione alle 23.34.
Il treno Intercity parte alle 18.19.
Il treno per Roma parte dal binario 4.
Il treno ES non parte dal binario 2.
Il treno per Venezia arriva alle 21.25.

ES = Eurostar
IC = Intercity
EC = Eurocity
IR = Interregionale

10. Il biglietto dell'aereo

Riordinare il dialogo: Juliette chiede informazioni sul volo Firenze - Parigi.

_____ Anche questo biglietto è in offerta per 226,45 euro.

_____ Bene, ci penso. La ringrazio, arrivederci.

_____ Bene, vediamo… abbiamo molte offerte.

_____ Buongiorno!

_____ Buongiorno, prego.

_____ C'è uno scalo?

_____ È in offerta: costa solo 214,29 euro. Ma c'è anche un'offerta con l'Alitalia, se preferisce.

_____ Grazie a lei, arrivederci.

_____ Mi dica.

_____ Mi dica.

_____ No, il volo è diretto.

_____ Parte alle 7.05 e arriva alle 12.00, il ritorno è previsto per le 18.40 e arriva alle 22.10.

_____ Può partire con la Air France alle 10.15, arriva a Parigi Charles De Gaulle alle 12.10; il ritorno è martedì alle 10.15, arriva verso le 4 del pomeriggio.

_____ Quando vuole partire?

_____ Quanto costa il biglietto?

_____ Quanto viene il biglietto con l'Alitalia?

_____ Vorrei partire giovedì, il ritorno è per martedì.

_____ Vorrei sapere quanto costa un volo andata e ritorno da Firenze a Parigi, per favore.

11. E-mail alla mamma

Completare il testo della e-mail che Juliette scrive alla mamma.

| Mail ▾ | Rubrica ▾ | Agenda ▾ | Blocco Note ▾ |

| Invia | Salva come bozza | Controlla Ortografia | Annulla |

Cara mamma,	
ti _____ per raccontarti le ultime novità.	scrivere
Le persone, di cui ti _____, _____	parlare, arrivare
alla villa.	
Ieri gli _____ che _____ per Parigi,	io-dire, partire
ma mi _____ lì, mentre _____.	loro-sorprendere, io-entrare
_____ all'agenzia viaggi che mi _____	io-andare
Paul, e _____ informazioni su	consigliare, chiedere
un treno o un volo. Ci _____ con Sauro, quel ragazzo	io-andare
simpatico che lavora in discoteca, di cui ti ho già parlato.	
Giorgio, che _____ antiquario, _____	essere, essere
molto interessato alla storia della villa e Caterina pure: lei	
_____ una docente di storia dell'arte all'Accademia	essere
di Belle Arti di Firenze.	
Insomma mi _____ lì sulla porta, li _____	Loro-trovare, io-far entrare
e li _____ allo zio.	io-presentare
_____ tutti molto sorpresi quando _____	Loro-essere, vedere
lo zio che mi _____ tanti ritratti.	fare
Lo zio _____ che _____ parlare	dire, volere
della storia.	
Ora _____ tutti là nello studio ora	essere
li _____.	io-raggiungere
Ti _____ un bacio a presto	io-mandare
Ju	

12. Ecco le foto dei miei amici!

**Juliette incontra la sua amica Isabelle e le fa vedere le nuove foto.
Completare il testo con i relativi.**

Questo è Giorgio, l'antiquario _____ ti ho già parlato.

Questo è Sauro _____ sono andata all'agenzia viaggi.

Questa è Caterina _____ lavora all'Accademia di Belle Arti.

Questo è Paul _____ mi ha invitata a Boston.

Questa è la villa dello zio _____ abito.

Questa è l'aeroporto di Firenze _____ parto per ritornare a Parigi.

Questi sono i miei amici _____ faccio il corso di italiano.

Questa è Patrizia _____ posso sempre contare.

13. Il diario di Caterina

**Scrivere una pagina del diario di Caterina raccontando cosa le è accaduto
in questi giorni.**

_____

_____

_____

_____

_____

14. Ne...

Collegare le frasi corrispondenti.

1. Ma con chi ne hai parlato?
2. Quanto pane hai comprato?
3. Quanto vino hai comprato?
4. Quante opere di Leonardo hai visto?
5. Ma quanti caffè hai preso oggi?
6. Ma quanti esercizi hai fatto?!
7. I quadri sembrano tutti uguali.
8. Quanti biglietti hai comprato?

a. Ne ho preso uno di andata e ritorno
b. Ne ho dipinti venti della stessa persona.
c. Ne ho parlato solo con Juliette!
d. Ne ho preso mezzo chilo.
e. Ne ho prese due bottiglie.
f. Ne ho viste alcune al Louvre.
g. Ne ho bevuti tre.
h. Ne ho fatti solo ventitré!

15. Sorpresa!

Collegare le frasi corrispondenti con le vignette e scrivere un breve dialogo.

a. Sei già qui?!

b. Ma è la tua?!

c. Ma quanti ne hai fatti?!

d. Ma tu che fai qui?!

e. Ma come mai è qui?!

1.

2.

3.

4.

5.

16. Prova!

Completare i dialoghi usando l'imperativo con i pronomi.

Juliette: Che caldo che fa… posso aprire la finestra, per favore?
Caterina: Certo, **aprila**!

1. Sauro: Che sete, posso avere un bicchiere d'acqua?

   Caterina: (prendere) _____!

2. Caterina: Juliette, sono indecisa se comperare questa pipa!

   Juliette: Se ti piace (comprare) _____!

3. Giorgio: Guarda, quella è Juliette!

   Caterina: (chiamare) _____!

4. Paul: È buono il prosecco?

   Juliette: È buonissimo: (provare) _____!

5. Sauro: Non so la strada.

   Giorgio: (ascoltare) _____, ti dico come arrivare.

6. Giorgio: Guarda, quella è Juliette!

   Caterina: Ho visto, (aspettare me) _____! Vengo anch'io.

Villa Gioconda

1. Le previsioni del tempo

Leggere il testo e rispondere alle domande.

Cielo: sole o poche nubi su tutte le regioni, salvo temporanei forti addensamenti su alta Toscana, sulle regioni adriatiche nel pomeriggio-sera.

Fenomeni: isolati forti temporali alla sera sulla Toscana, nel pomeriggio anche sulle regioni adriatiche.

Temperature: in ulteriore aumento sulle regioni adriatiche.

Arezzo: 15/26, Firenze: 18/25, Grosseto: 16/24, Livorno: 19/21, Lucca: 17/24, Massa: 19/22, Pisa: 17/23, Pistoia: 17/25, Prato: 18/26, Siena: 17/22.

Venti: moderati di scirocco sulle regioni adriatiche, occidentali sul versante tirrenico, in rinforzo durante temporali.

Mari: Tirreno Settentrionale poco mosso, localmente mosso. Tirreno Centrale poco mosso. Adriatico Meridionale poco mosso. Adriatico Centrale poco mosso, localmente mosso.

Vero o falso?

	vero	falso
1. C'è la possibilità di forti temporali in Toscana.	☐	☐
2. A Firenze sicuramente non piove.	☐	☐
3. In Toscana il cielo è sereno tutto il giorno.	☐	☐
4. La temperatura minima di Firenze è maggiore di quella di Siena.	☐	☐
5. La temperatura minima di Livorno è più bassa di quella di Arezzo.	☐	☐
6. La temperatura è in aumento sulle regioni adriatiche.	☐	☐
7. I venti sono moderati sulle regioni adriatiche.	☐	☐
8. Durante il temporale il vento potrebbe diventare forte sul Tirreno.	☐	☐
9. Il Mare Adriatico Centrale è agitato.	☐	☐
10. Il Mar Tirreno Settentrionale è molto mosso.	☐	☐

2. Le previsioni del tempo

Inserire le parole e le espressioni che seguono nelle caselle appropriate.

Agitato, calmo, coperto, debole, forte, grandine, moderato, molto forte, molto mosso, mosso, nebbia, neve, nuvoloso, pioggia, poco mosso, poco nuvoloso, rovescio, sereno, temporale.

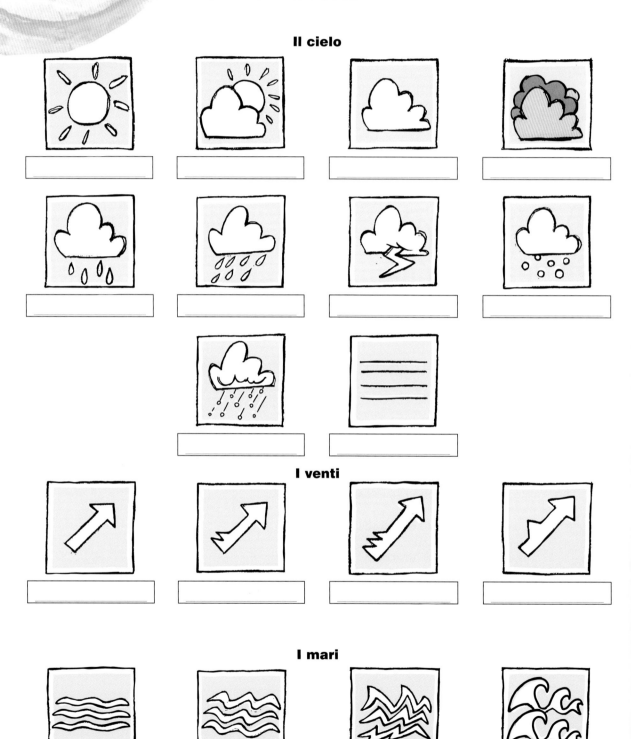

Il cielo

I venti

I mari

3. Mi mangerei un leone!

Completare le frasi e associarle al personaggio.

Mi annoio, (guardare) **guarderei** la TV.

1. Ho paura del temporale, (nascondersi) _____ in cantina!
2. Sono triste stasera, (uscire) _____ volentieri con gli amici!
3. Sono nervosa, (bere) _____ una camomilla!
4. Ho fame, (mangiare) _____ volentieri qualcosa!
5. Sono contento, (fare) _____ un salto di un metro!
6. Sono stanco, (dormire) _____ per tre giorni!
7. Sono curioso, (avere) _____ mille domande sul diario!
8. Sono dispiaciuta, (fare) _____ di tutto per rimediare!

4. Che giornata!

Costruire un dialogo tra Juliette e Caterina che dormono nella stessa camera.

Juliette non riesce a dormire e vorrebbe chiacchierare un po' con Caterina.	
Caterina accetta volentieri di parlare perché anche lei non riesce a dormire e racconta cosa l'ha colpita della giornata e come sono arrivati alla villa.	

Juliette chiede di Paul.	
Caterina dice quello che sa di Paul e che le è molto simpatico.	
Caterina domanda a Juliette di raccontarle dello zio.	
Juliette racconta dello zio e del suo amore per l'arte.	
Caterina ascolta attenta e fa domande durante il racconto.	

5. La famiglia di Giorgio Torrisi

Ricavare la composizione della famiglia Torrisi dalle informazioni fornite. Indicare il nome, l'età e la professione di ogni familiare.

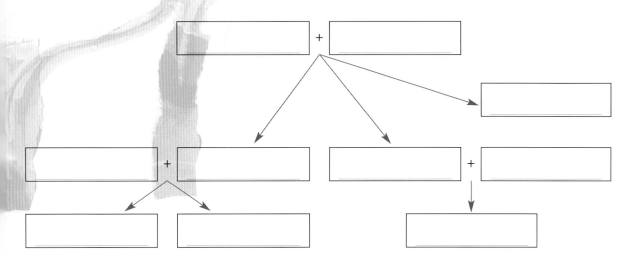

La mamma, il papà, la figlia, il figlio, la cugina, il cugino, la moglie, il marito, la nonna, il nonno, la cognata, il cognato, la zia, lo zio, la suocera, il suocero, la sorella, il fratello, la nipote, il nipote, la nuora, il genero, la cognata, il cognato.

Il nonno di Alessandro ha 67 anni.	Giorgio è fratello di Augusto.	Francesco
Il cugino di Veronica ha 11 anni.	Il cognato di Simone è medico.	Giorgio
La sorella di Cecilia ha 12 anni.	La zia di Alessandro è impiegata.	Alessandro
Il fratello di Augusto ha 40 anni.	Il suocero di Anna è muratore.	Simone
La nonna di Cecilia ha 64 anni.	La nonna di Cecilia è casalinga.	Augusto
La cognata di Anna ha 36 anni.	La nuora di Marta è avvocato.	Tina
La figlia maggiore di Tina ha 15 anni.	La cugina di Alessandro fa la II liceo linguistico.	Anna
La nuora di Francesco ha 38 anni.	La nipote minore di Augusto fa la III media.	Cecilia
Il genero di Marta ha 41 anni.	La zia di Veronica si chiama Anna.	Veronica
Il marito di Anna ha 38 anni.	Il fratello di Tina si chiama Augusto.	Marta
Alessandro è figlio di un medico.	Il genero di Marta si chiama Simone.	
Anna è la cognata di Giorgio.	Francesco ha 3 figli.	
Il nipote di Simone fa la I media.	Cecilia è la sorella di Veronica.	
Il marito di Tina è insegnante.	Marta è la moglie di Francesco.	

1. Giorgio è _____ di Augusto.

2. Augusto è _____ di Marta.

3. Francesco è _____ di Marta.

4. Marta è _____ di Alessandro.

5. Tina è _____ di Augusto.

6. Simone è _____ di Alessandro.

7. Marta è _____ di Anna.

8. Anna è _____ di Francesco.

9. Alessandro è _____ di Francesco.

10. Veronica è _____ di Augusto.

11. Cecilia è _____ di Alessandro.

12. Anna è _____ di Tina.

6. Chiacchiere

Completare con *dovere*, *potere* e *volere* al passato prossimo.

1. - Stamattina (io-dovere) _____ uscire di casa presto.

    - Perché?

    - Dovevo prendere il treno.

2. - Giorgio e Caterina non (potere) _____ andare al cinema.

    - Come mai?

    - Dovevano andare a cena fuori con dei clienti di Giorgio.

3. - (Tu-volere) non _____ ascoltarmi e ora ti trovi nei guai.

    - Hai ragione.

4. - Caterina e Giorgio non (potere) _____ tornare a casa per via del maltempo.

    - E cosa hanno fatto?

    - (loro-dovere) _____ rimanere a Villa Gioconda.

5. - (Noi–dovere) _____ fare molte ricerche all'Archivio di Stato.

    - Interessante!

6. - Non (io–potere) _____ restare a casa di Paul. (Io-dovere) _____

    ritornare al negozio.

    - E Caterina, cosa ha detto?

7. Cosa faresti se…?

Completare le frasi con il condizionale presente e poi discutere le proposte di ognuno con gli altri.

Sei in macchina mentre scoppia un temporale terribile…
Mi fermerei in uno spazio aperto e aspetterei un po'.

1. Hai trovato il vecchio diario di Leonardo da Vinci…

    _____

2. Hai vinto molti soldi alla lotteria…

    _____

3. Incontri Leonardo da Vinci in persona…

    _____

4. Sei invitato nel miglior ristorante di Firenze…

    _____

5. Puoi scegliere il viaggio che vuoi…

    _____

6. Per un giorno sei Leandro/Juliette…

    _____

8. Mi raccomando!

Scrivere le raccomandazioni in base alle vignette.

Mi raccomando…

 **Tieni** in ordine i tuoi libri!

9. Istruzioni per rendersi felici

Lavorare in coppia. Completare le frasi e trovando una soluzione divertente.

1. - Sono triste, è finita la mia storia con Mario!
   - Avresti bisogno di un nuovo amore!
2. - Sono arrabbiata, _____
   - _____
3. - Sono disperata, _____
   - _____
4. - Sono depressa, _____
   - _____
5. - Sono addolorata, _____
   - _____
6. - Sono nervosa, _____
   - _____

10. Sentimenti

Descrivere una situazione della propria vita nella quale si è provato uno di questi sentimenti.

felicità	
serenità	
solitudine	
speranza	
rabbia	
stupore	

Eccezionale!

Straordinario!

Impressionante!

Fantastico!

Strepitoso!

Bellissimo!

Incredibile!

Un capolavoro!

Stupendo!

La fine del mondo!

1. Cosa è successo?

Fare delle ipotesi su cosa è successo a Leandro quella notte. Discutere poi le varie proposte in classe.

_____

_____

_____

_____

_____

_____

_____

2. Il quadro, ma dov'è Leandro?

Completare con *bisogna* e *basta*.

Juliette: Lo zio è stato fantastico!

Giorgio: Adesso _____ fare qualcosa, questo quadro deve diventare famoso!

Sauro: _____ venderlo!

Caterina: Venderlo? Tu sei matto!

Giorgio: _____ organizzare una mostra, _____ chiamare i giornalisti, la TV!

Juliette: Calma, calma, _____ chiedere a Leandro cosa intende fare.

Sauro: _____ convincerlo che il quadro deve diventare famoso!

Caterina: Ma dov'è Leandro?

Juliette: Non lo so…

Sauro: _____ che non sia scappato!

Giorgio: _____ cercarlo!

3. Notiziario regionale della Toscana

La redazione di una TV locale toscana prepara il telegiornale che riporta la notizia sul quadro di Leandro. Preparare il servizio con il collegamento dell'inviato speciale a Villa Gioconda e l'intervista a Leandro, Juliette e Giorgio.

_____

_____

_____

_____

_____

_____

_____

4. I programmi della televisione italiana

Consultare un quotidiano italiano, completare la mappa con i programmi televisivi e rispondere alle domande.

Varietà

Telegiornale

_____

_____

_____

I programmi TV

"Un posto al sole"

Serie

_____

_____

Film

1. Quali sono i programmi consigliati per stasera?
   _____

2. Com'è la TV negli altri paesi?
   _____

3. Quali sono le trasmissioni della TV italiana conosciute anche in altri paesi?
   _____

5. Riviste in Italia

Descrivere le riviste italiane che si conoscono e confrontarle con quelle degli altri paesi.
Scegliere la rivista italiana che si preferisce, presentarla alla classe.
Scegliere poi un articolo interessante ed esporlo brevemente.

La rivista che ho scelto è: ☐ un settimanale   ☐ un mensile

Prezzo: _____

Il pubblico che la legge potrebbe essere in prevalenza: ☐ di uomini   ☐ di donne

potrebbe essere di età tra _____ e _____ anni

Contenuti della rivista:
I prodotti pubblicizzati sono soprattutto _____

L'articolo che ho scelto parla di _____

_____

_____

_____

_____

6. L'articolo su Leonardo

Scrivere un articolo per una rivista.

_____
_____
_____
_____
_____
_____
_____
_____
_____
_____
_____
_____

7. Come continua la vita dei nostri personaggi?

Giorgio sposerà Caterina _____
_____
_____

Caterina _____
_____
_____

Sauro _____
_____
_____

Juliette _____
_____
_____

Leandro _____
_____
_____

Paul _____
_____
_____

8. Cosa si fa a fine corso?

Alla fine del corso ci si conosce un po' di più! Lavorare in coppie: ognuno scrive cosa pensa che farà il compagno a fine corso e poi scrive i propri progetti personali e professionali.
Alla fine si confrontano le versioni e si espongono alla classe.

9. Storia di Villa Gioconda

Completare il testo mettendo i verbi nel tempo e nel modo opportuno.

Questa misteriosa storia _____ come protagonista Villa Gioconda, uno stupendo | avere

capolavoro dell'architettura rinascimentale, che _____ nella campagna intorno a Firenze. | trovarsi

Tutto _____ con un'intrigante idea condivisa da tre amici (Giorgio un intraprendente | cominciare

antiquario fiorentino, Caterina che _____ all'Accademia di Belle Arti di Firenze e Paul | insegnare

un ragazzo americano che _____ appena _____ in storia dell'arte): | laurearsi

Villa Gioconda _____ nascondere un segreto. | potere

Perciò _____ di approfondire le ricerche e infatti _____ all'Archivio | decidere, andare

Storico di Firenze.

Lì _____ delle sensazionali notizie, tra le quali _____ il fatto che la villa | trovare, spiccare

_____ uno specialissimo proprietario: Leonardo da Vinci che _____ | avere, essere

il più grande genio del Rinascimento!

Ma non basta, dalle loro informazioni _____ che Leonardo _____ lunghi | risultare, passare

periodi a Villa Gioconda per una singolare ragione, la stessa per cui anche Leandro Candivi,

pittore e discendente dello stesso Leonardo, da mesi _____ alla villa. | abitare

Tra sorprese, colpi di scena, una misteriosa ragazza francese di nome Juliette e con sullo sfondo

la Toscana con i suoi paesaggi, la sua arte e la sua cultura, Giorgio, Caterina e Paul

_____ svelare l'incredibile segreto di Villa Gioconda. | potere

Un finale emozionante reso ancora più piacevole da un lieto fine: Giorgio e Caterina

_____ il loro matrimonio. | annunciare

Curiosità
d'Italia

SCENA 1

LO SCRIVANO

Dopo l'Unità d'Italia, a Roma, come nel resto della nazione, l'analfabetismo era molto diffuso tra la gente povera sia in campagna che in città.

Per questo lo scrivano pubblico aveva una grande importanza sociale perché con il suo aiuto gli analfabeti potevano scrivere alle persone lontane e sbrigare i documenti pubblici.

Lo scrivano era un personaggio particolare: da come lo descrivono certi scrittori appare come una persona umile, vestito con abiti poveri che si sedeva sotto i portici se pioveva o se c'era vento oppure agli angoli delle piazze, davanti a un vecchio tavolo con qualche foglio di carta, una vecchia penna e un piccolo peso che impediva alle poche carte di volare via a causa del vento.

Aveva modelli di lettere adatti ai casi più comuni che usava per i suoi clienti secondo il bisogno. Era visto dalla gente come un soccorritore pubblico che permetteva di comunicare con lettere pubbliche e anche private (come quelle d'amore, per esempio). Gli scrivani, uomini di grande pazienza, diventavano così interpreti delle emozioni e dei sentimenti degli analfabeti.

L'OMBRELLAIO

Chi ripara l'ombrello oggigiorno? Basta una piccola rottura e sostituiamo l'ombrello "vecchio" con uno nuovo. In passato però la gente poteva spendere molto meno e così aspettava il passaggio dell'ombrellaio che girava per i paesi in bicicletta gridando: "Ombrellaio, ombrellaio!". Lo si incontrava prima e durante il periodo delle piogge. Costruiva gli ombrelli e quando si rompevano doveva ripararli con grande pazienza.

Era vestito quasi sempre molto male, ma in questo modo poteva lavorare più comodamente e proteggersi in caso di brutto tempo. Per lavorare aveva bisogno di attrezzi precisi e di materiale vario (come pezzi di stoffa, spago ecc.). Tutto questo era conservato in una cassetta di legno, sulla quale si sedeva durante il lavoro.

Quando si sentiva il grido con il quale annunciava il suo arrivo, le donne andavano in strada o nei cortili a portare gli ombrelli da riparare.

In passato la povera gente poteva comprare un solo ombrello per famiglia e quando questo si rompeva, si preferiva farlo riparare invece di comprarne uno nuovo, così si risparmiava.

II/LA *PERSONAL SHOPPER*

Un lusso che una volta si potevano permettere soltanto le star è diventato una nuova tendenza: è il/la *personal shopper*, un/una consulente che, a pagamento, aiuta altre persone a scegliere e a comprare oggetti di qualsiasi tipo (abbigliamento, oggetti di arredamento, regali).

Questo lavoro si è diffuso da poco in Italia, ma non è raro trovare professionisti di questo tipo soprattutto nelle grandi città e in grandi alberghi, villaggi turistici, centri commerciali.

Ma quali caratteristiche ci vogliono per diventare personal shopper? Innanzitutto è necessario avere una buona cultura, essere gentili, simpatici e sapersi relazionare con persone di un certo livello sociale. Bisogna poi parlare bene inglese, preferibilmente anche un'altra lingua perché i clienti sono soprattutto stranieri.

Il/la personal shopper deve avere una conoscenza perfetta della città dove lavora: negozi di oggettistica, atelier di moda, grandi magazzini, piccole botteghe artigiane. Deve essere una guida sicura per i propri clienti a seconda di cosa devono comprare. E non solo: deve avere anche gusto e personalità perché, in molti casi, dovrà dare ai clienti consulenze sul look e consigli sugli acquisti. Per questo il/la personal shopper, oltre a conoscere le tendenze del momento, deve essere anche un po' psicologo e in grado di capire rapidamente la personalità e le esigenze del cliente.

IL/LA *TREE CLIMBER*

Se avete sempre amato salire sugli alberi, ora la vostra passione può diventare una vera professione: il/la *tree climber*!

Il *tree climbing*, cioè l'arrampicata sugli alberi, è un metodo di lavoro che permette di salire e di muoversi nella chioma degli alberi, indipendentemente dalla loro grandezza. Non si deve confondere il tree climbing con tecniche di arrampicata sportiva poiché questa attività ha una sua storia e una sua specificità.

Non esistono requisiti particolari per quelli che vogliono

iniziare questa professione, a parte avere buone doti fisiche, amare un lavoro all'aria aperta e non essere allergico ai pollini di alcuni alberi dal momento che la maggior parte del lavoro si svolge nella chioma dell'albero, a stretto contatto con il materiale vegetale. Sicuramente oltre all'abilità nell'arrampicarsi sugli alberi si deve avere una buona conoscenza degli stessi, soprattutto delle loro malattie. È necessario un attento esame della "struttura" della pianta sulla quale si andrà a lavorare. Per prima cosa bisogna ispezionare la pianta alla ricerca di rami rotti sospesi che possono essere un pericolo. Bisogna fare attenzione alla presenza di piante rampicanti, perché se si toccano sono velenose. Non ultimo, bisogna individuare l'eventuale presenza di nidi di vespe o calabroni, che possono diventare un altro pericolo.

In Italia le scuole dove ci si può preparare a questa professione sono ancora poche, ma il maggiore interesse verso la conservazione dell'ambiente forse aprirà nuove possibilità di lavoro.

SCENA 2

BREVE STORIA DEL CAFFÈ IN ITALIA

Il 1615 è considerato l'anno in cui il caffè è arrivato in Europa grazie ai commercianti veneziani, attraverso le rotte marittime che univano l'Oriente a Venezia. Prima di bere il caffè come semplice bevanda, questo si consumava per alcune sue proprietà curative e digestive, così il suo prezzo era molto alto. Quasi da subito però si trovano, in tutte le città europee botteghe del caffè: la più antica d'Europa è il Caffè Florian che è ancora oggi sotto i portici di Piazza San Marco a Venezia.

In Italia il caffè diventò un regalo da fare in certe occasioni come segno d'amicizia o d'amore: spesso i corteggiatori mandavano alle loro innamorate vassoi pieni di caffè e cioccolata. A partire dal 1613 non solo a Venezia, ma anche in altre città della Penisola si cominciavano a diffondere eleganti caffetterie dette caffè storici (Caffè Greco a Roma, Pedrocchi a Padova, San Carlo a Torino e numerosi altri), divenuti famosi e importanti centri culturali, punto di incontro di artisti, politici, uomini d'affari o semplicemente luogo per fare quattro chiacchiere.

E ora un paio di curiosità su come degustare il caffè. In Italia ci sono due "scuole" di pensiero, la napoletana dice che si deve bere prima del caffè un bicchiere d'acqua, per pulire la bocca e assaporare pienamente l'aroma; per la palermitana bisogna invece bere l'acqua dopo il caffè per eliminare dalla bocca il sapore leggermente aspro lasciato dal caffè stesso.

SIENA SEGRETA: L'ARTIGIANATO E I SUOI VICOLI

Siena e i suoi dintorni sono molto ricchi di arte e artigianato: passeggiando per le vie della città si trovano caratteristiche botteghe dove tessitrici, ceramisti, fabbri, pellettieri, scultori lavorano con la passione e la maestria di una volta, usando tecniche antiche.

Secondo documenti conservati negli archivi storici, nel 1098 si era già formata una corporazione di artigiani che lavoravano la terracotta, e nel Trecento a Siena era ormai sviluppato il mercato degli oggetti in cotto e maiolica. Ancora oggi gli artigiani producono oggetti decorati con i colori caldi e dorati delle colline senesi oppure dipinti con i colori della città: bianco e nero.

L'artigianato è in parte legato al Palio la grande festa di Siena, celebrata il 2 luglio e il 16 agosto.

Da ricordare, a questo proposito, le tradizionali Campane di Santa Lucia: "scacciaguai" in terracotta dipinta a mano con i colori delle contrade, regalate ai bambini per allontanare da loro i demoni dell'inverno o i Barberi, un antico gioco per il quale si usano palline dipinte con i colori delle contrade.

Ci sono inoltre le botteghe d'arte con pittori che riproducono dipinti di famosi artisti senesi con tecniche originali, come quella a tempera d'uovo su tavole antiche con sfondo a foglia di zecchino realizzata così come Cennino Cennini la descrive nel suo *Libro dell'arte* del 1350.

SCENA 3

LEONARDO CUOCO E LA CUCINA DEL RINASCIMENTO

Pochi sanno che Leonardo da Vinci ebbe per tutta la vita una grandissima passione per la cucina, come ci racconta questa storiella fiorentina sulle avventure di Leonardo capocuoco.

Poco più che ventenne, Leonardo lavorava come cameriere nella Taverna delle Tre Lumache, vicino al Ponte Vecchio a Firenze. Promosso poi capocuoco, aveva inventato alcuni strumenti complessi per pelare e affettare i vari ingredienti, studiando il modo di mandare via i cattivi odori e costruendo un apparecchio meccanico per cuocere l'arrosto. Purtroppo i suoi piatti innovativi, presentati con grande gusto artistico, non avevano molto successo: in pratica, alla vecchia abitudine delle mangiate medievali, Leonardo voleva sostituire una cucina più raffinata, in armonia con lo spirito rinascimentale.

Infatti l'Italia rinascimentale ha i cuochi più abili e creativi d'Europa, che portano l'alta cucina italiana al massimo grado di raffinatezza e prestigio.

C'è una grande scelta di sughi, oltre a una fioritura straordinaria di paste farcite e maccheroni, molto più che nella produzione straniera che non valorizza così tanto la pasta nella propria dieta.

Nel passato è molto presente l'uso dello zucchero: leggendo i testi di cucina del Cinquecento si può dire che il gusto più diffuso è proprio quello dolce, anche se non bisogna dimenticare che questo ingrediente è essenzialmente un elemento di distinzione sociale per la società di corte.

I TRULLI DI ALBEROBELLO: PINNACOLI E SIMBOLI

I trulli sono dei tipici edifici della Puglia, arrivati attraverso una millenaria tradizione fino ai tempi nostri. Questi hanno in comune con le abitazioni dei popoli primitivi la forma esterna, cioè un cilindro con sopra un cono, ma tutto il resto è una costruzione originale. I trulli sono interamente costruiti in pietra: la forma è primitiva, ma certo non era primitiva l'arte con cui venivano costruiti.

La copertura del trullo si chiude con un pinnacolo (la parte più alta) ed è generalmente formata da tre pietre: una di forma cilindrica, una a forma di piatto e una a sfera.

Il suo vero significato è ancora oscuro, ma ci sono diverse ipotesi: c'è chi attribuisce al pinnacolo dei valori magici, chi invece pensa a una funzione ornamentale, secondo le fantasie del costruttore.

Questi simboli si innalzano dalla cima di tutti i trulli, non solo quelli di Alberobello, ma anche da altri esistenti in Puglia.

Sul frontale del cono dei trulli sono dipinti misteriosi segni come simboli magici o propiziatori; alcuni di origine pagana, altri cristiani, questo perché la popolazione era formata da famiglie di diversa origine, e religione. Ad alcuni simboli si possono attribuire vari significati: protezione della famiglia dal malocchio oppure venerazione di qualche divinità propiziatoria di buon raccolto.

Panoramica dei simboli su trulli.

Alcuni simboli primitivi:

Alcuni simboli cristiani:

Alcuni simboli magici:

SCENA 4

LA LEGGENDA DEL GALLO NERO

Forse non tutti conoscono la nascita del simbolo del *Gallo Nero* che ancora oggi rappresenta il vino Chianti prodotto in Toscana e celebre in tutto il mondo. Ne abbiamo traccia in una curiosa leggenda. Già agli inizi del Duecento la rivalità tra le due repubbliche di Firenze e di Siena era particolarmente accesa. La contesa era dovuta alla decisione di quali erano i confini tra le due repubbliche. Ci voleva un modo per risolvere questo problema: una gara di velocità fra due cavalieri, uno che doveva partire da Firenze, l'altro da Siena e il cui punto d'incontro doveva rappresentare il confine tra i due territori. L'ora della partenza era fissata al primo canto del gallo. I fiorentini, però, più furbi dei loro rivali, avevano come sveglia un galletto nero, tenuto volutamente a digiuno. Questo forse ingannato dalla luce di una candela accesa di proposito, dette il via al cavaliere fiorentino che partendo in anticipo, e percorrendo una distanza maggiore, conquistò per la sua repubblica più terre del rivale. Il luogo in cui i due si incontrarono porta ancora oggi il nome di Croce Fiorentina. Quasi tutto il Chianti passò sotto il controllo della repubblica fiorentina, molto tempo prima della caduta di Siena. Inoltre, dopo questo fatto, il gallo nero diventò anche il simbolo della lega del Chianti che, nello stato fiorentino, aveva compiti amministrativi e di difesa militare del territorio. Dato il suo significato politico, il Vasari, celebre pittore e architetto, dipinse il Gallo Nero nel Salone del Cinquecento durante i lavori di ristrutturazione di Palazzo Vecchio a Firenze.

PROVERBI TOSCANI SUL VINO

La verità è nel vino

Dopo bere, ognun dice il suo parere
Da chi ha bevuto molto si può ricevere la vera versione dei fatti che normalmente si nasconde. Aggiorna la versione latina *In vino veritas* (la verità è nel vino).

A chi non piace il vino, Dio gli tolga l'acqua
In Toscana il vino è sempre stato apprezzato. Questo proverbio se la prende con chi non apprezza ciò che è ritenuto una fortuna: essere nati in una terra che produce buon vino (come disse anche Leonardo da Vinci).

Nelle botti piccine ci sta il vino buono
Il vinsanto e il vino fatto con uve selezionate si mette in botti speciali e si vinifica a parte. Il senso metaforico del proverbio tesse le lodi di persone piccole ma di grande valore.

Non ti mettere in cammino se la bocca non sa di vino
È antica usanza toscana bere prima di mettersi in viaggio. Alla fine di una visita, il padrone di casa accompagnava il visitatore fino al cavallo e gli offriva un bicchiere del miglior vino che aveva, per brindare letteralmente quando aveva già il piede nella staffa del cavallo: così si augurava buon viaggio. Ne resta segno nel modo di dire del "bicchiere della staffa".

Pan d'un giorno, vin d'un anno
Pan che canti, vin che salti
Il pane toscano è migliore il giorno dopo essere stato sfornato, quando è croccante. Così il vino migliore, frizzante e fresco di cantina, soprattutto nel Chianti, è quello d'annata.

L'amico è come il vino fatto ora, che il tempo inacidisce o migliora
Per fare un amico basta un bicchiere, per mantenerlo non basta una botte
L'amicizia si vede con la prova del tempo.

I proverbi riportati sono tratti da: A. Falassi, *Proverbi toscani commentati*, Mida Editore, Siena 1990.

FRANCOBOLLI DEDICATI ALLA MODA

Sono dedicati all'Alta Moda Italiana sei francobolli emessi dalle Poste Italiane il 30 agosto 2002. Raffigurano i capi di abbigliamento di alcuni dei più famosi stilisti di oggi: Krizia, Dolce e Gabbana, Gianfranco Ferrè, Giorgio Armani, Laura Biagiotti, Prada.

Da: http://www.cipri.it/francob.htm

I COLORI DELLA MODA

Il *bianco* si raccomanda tanto alle bionde come alle brune a condizione che la pelle delle bionde sia molto bianca. Il colore della pelle indeciso, frequente nelle persone castano-scuro non tollera troppo le stoffe bianche, specialmente se lucide. Il bianco crema, invece, è consigliatissimo alle brune di carnagione scura, ma la tinta non deve essere troppo lucida.
Il *giallo* è vietato alle bionde dalla pelle bianca perché dà loro un'intonazione violetta. Sta bene invece alle brunette dai capelli neri. L'arancione, che è un colore abbagliante, non è piacevole: fa diventare un po' azzurre le carnagioni bianche, scolorisce quelle di tinta aranciata e a quelle gialle dà un'intonazione un po' verde.
Le stoffe *azzurre* si adattano alle carnagioni pallide e a quelle chiare delle bionde che hanno già una pelle aranciata.
Un *verde* chiaro e delicato s'intona con le carnagioni bianche e rosee; mentre è sgradevole per quelle accese o di intonazione aranciata tendente al bruno, perché il verde dà alla carnagione una tinta mattone. Capigliature rosse o castane devono evitare assolutamente il verde.
Il *violetto* abbassa il tono di tutte le carnagioni ed è sempre un colore cattivo.
Il *rosso* non va bene alle bionde mentre ha un magnifico effetto sulle brune.
Il *nero* è ottimo per le brune e più ancora per le bionde.
Il *marrone* è il colore delle nonne. Non devono usarlo le giovani che hanno così abbondante scelta nelle altre gamme dei colori. Per ultimo la scienza della moda ci dice che il *blu* è amico delle castane e delle brune.

UOMINI E BESTIE

Proverbi

La sera leoni, la mattina dormiglioni.
Quando il gatto non c'è, i topi ballano.
Il lupo perde il pelo ma non il vizio.
A caval donato non si guarda in bocca.
Il pesce grosso mangia il pesce piccolo.
Una rondine non fa primavera.
Can che abbaia non morde.
Chi pecora si fa, il lupo se la mangia.

Modi di dire

Dormire come un ghiro.
Essere una mosca bianca.
Avere sette vite come i gatti.
Essere come cane e gatto.
Andare a letto con le galline.
Versare lacrime di coccodrillo.
Essere la pecora nera.
Sapere qualcosa a pappagallo.
Far le parti del leone.

Metafore

Essere...
un orso (poco socievole)
una vipera (maligna e perfida)
un coniglio (pauroso)
un leone in gabbia (irrequieto)
una vecchia volpe (molto esperto)
un mulo (testardo)
un toro (forte)
un lupo solitario (che ama la solitudine)

SCENA 5

LE STRADE DI VENEZIA

Le strade di Venezia hanno per la maggior parte
dei nomi molto antichi e a volte curiosi che possono
ricordare dei mestieri (come le calli del *Pestrin*, cioè
del lattaio, del *Pistor*, cioè del panettiere, del *Fruttarol*,
cioè del fruttivendolo, e così via), delle attività
commerciali (ad esempio calle *Fiubera*, cioè dove si
facevano le fibbie per le scarpe) e la provenienza degli
abitanti (come le calli dei *Preti*, delle *Muneghe*, cioè
le suore, calle dei *Ragusei*, cioè degli abitanti di
Ragusa ecc.).
Passeggiando per Venezia c'è la possibilità, attraverso i
nomi delle vie, di fare un viaggio nel tempo e nella storia
come nel caso di Ponte delle Maravegie (Sestiere di
Dorsoduro). La leggenda racconta di una famiglia con
sette sorelle che potevano tutte gareggiare in bellezza
tra loro tranne una che era molto brutta. Poi una notte
in cielo comparvero sette stelle, sei luminose e una
un po' fioca, improvvisamente quest'ultima diventò la
più brillante di tutte e nello stesso momento la ragazza
più brutta diventò la più bella fra le sorelle.
Oppure Calle della Fava (Sestiere di Castello): in questa
zona suggestiva di Venezia, si trovano un ponte, una
calle, un campo e una chiesa dedicati alla fava.
Infatti il commercio principale in queste calli durante
gli anni della Serenissima era proprio quello delle fave.

Da: http://www.venetia.it

LA VIA DELL'AMORE

Sicuramente la Via dell'Amore, il suggestivo percorso tra
Riomaggiore e Menarola in Liguria, è uno dei sentieri più
conosciuti d'Italia. Pochi sanno che la via ha una sua
storia che è legata a quella della ferrovia Genova -
La Spezia. Infatti, all'inizio del '900, durante i lavori di
ammodernamento della linea ferroviaria fu necessario
costruire una galleria tra Riomaggiore e Menarola.
Questa indispensabile opera poteva essere realizzata
solo facendo uso delle mine e questo portò alla
creazione di una polveriera (deposito di esplosivi)
lontana dai due centri abitati. Ma insieme alla polveriera
era indispensabile realizzare anche due sentieri, uno da
Menarola e uno da Riomaggiore, per raggiungere un
posto sicuro. Finiti i lavori ferroviari e chiusa la polveriera
i due sentieri rimasero.
Immediatamente gli abitanti dei due piccoli paesi
capirono che si presentava l'occasione per collegare,
con una via breve e veloce, i due centri delle Cinque
Terre.
Così, anche se tra mille difficoltà tecniche, si realizzò
questo percorso che ha sempre affascinato i turisti
per il suo romanticismo. Per questa ragione si pensò
a un nome particolarmente suggestivo per la nuova
strada: la Via dell'Amore.

SCENA 6

SAN GIOVANNI E IL SOLSTIZIO D'ESTATE

A cominciare dall'antichità il cambio di direzione del sole tra il 21 e il 22 giugno ha rappresentato l'inizio di un nuovo periodo di vita. Questo giorno, detto solstizio estivo, è ancora oggi ricordato e atteso perché è il primo giorno d'estate ed è associato alla magica festa di San Giovanni Battista, il 24 giugno.
In passato la notte di San Giovanni era soprattutto il momento in cui, in tutta Italia, le campagne e le città si riempivano di enormi fuochi.
A Firenze, per esempio, si mettevano sui tetti delle basiliche dei pentoloni di terracotta pieni di grasso che producevano dei magnifici fuochi che era possibile vedere da lontano. In campagna invece si accendevano dei fuochi propiziatori, per allontanare il diavolo e proteggere i campi.
Queste fiamme duravano fino all'alba momento in cui si spegnevano per lasciare spazio al più importante dei fuochi: il sole. E si credeva che se una ragazza, guardando il sole all'alba, vedeva la testa decapitata di San Giovanni, si sposava entro l'anno.
Addirittura in Sardegna si pensa che il sole all'alba saltelli tre volte (come la testa di Giovanni Battista decapitato) prima di salire in cielo.
Questa festa, originariamente pagana, diffusa in molte culture e basata sull'osservazione del moto del sole, si è quindi fusa con la tradizione cristiana, creando così una serie di curiose ricorrenze a metà tra il sacro e il profano.

COS'È LA SMORFIA NAPOLETANA?

Le *smorfie del lotto (o cabale)* sono tabelle create sulla base di simboli, interpretazioni dei sogni e calcoli matematici per ricavare i numeri da giocare al lotto.
A Napoli, per esempio, la *Smorfia Napoletana* è uno dei libri più consultati: è una specie di dizionario che mette in relazione ogni parola, immagine, fatto o oggetto con un numero da giocare al lotto.

Può sembrare strano, ma il lotto a Napoli è arrivato in tarda epoca rispetto ad altre città (a Venezia nel 1590) o altre nazioni (in Francia nel 1539).
Infatti solo a partire dal 1682 i napoletani poterono giocare legalmente nella loro città, anche se le scommesse a Napoli erano presenti già da prima, ma senza le autorizzazioni governative.
Ma nel 1688, il governo abolì il lotto perché considerato peccaminoso. Comunque i napoletani continuavano a giocare nelle altre città e questo portò alla reintroduzione del lotto. Inoltre nel 1817 le entrate di questo gioco erano così necessarie per la sopravvivenza del regno che si decise di effettuare le giocate ogni sabato; questo anche per contrastare il lotto clandestino che è presente ancora oggi.
Anche gli ambienti intellettuali erano contrari al lotto, perché lo consideravano un modo di arricchirsi dello stato a spese del cittadino. Addirittura la scrittrice Matilde Serao ha scritto racconti e romanzi sullo stato di miseria a cui può portare il lotto. Comunque questo gioco resta una delle ragioni per cui Napoli è una città che fa, del mistero e della superstizione, una delle sue caratteristiche più originali.
L'interpretazione dei numeri del lotto e il loro significato sono quelli della tradizione classica napoletana.
Ecco alcuni numeri del lotto in dialetto napoletano e le relative traduzioni in italiano, accompagnati da alcuni disegni che si trovano nella Smorfia Napoletana.

1 L'Italia
5 a' mano (la mano)
9 a' figliata (la figliolanza)
11 'e suricille (i topi)
57 o' scartellato (il gobbo)
63 a' sposa (la sposa)
66 'e ddole zitelle (le due zitelle)
67 o' totano int''a chitarra (il totano nella chitarra)
75 Pulcinella
90 'a paura (la paura)

 57 il gobbo

 63 la sposa

 66 zitella

75 pulcinella

Alcuni numeri del lotto con il loro significato cabalistico

SCENA 7

LA SCUOLA GENOVESE DEI CANTAUTORI

"Eppur parenti siamo un po' di quella gente che c'è lì
che in fondo in fondo è come noi, selvatica
ma che paura ci fa quel mare scuro che si muove anche
di notte e non sta
fermo mai"
(Paolo Conte)

Genova è la protagonista delle storie di alcuni artisti
che hanno saputo staccarsi dai modelli tradizionali
della musica leggera italiana anni '60 e dare vita
alla cosiddetta "scuola genovese" dei cantautori.
L'influenza stilistica della canzone francese e le
problematiche della società italiana di quel momento
(il disagio sociale, la perdita di certi valori umani a
causa del boom economico e il difficile momento
storico-politico) sono state le componenti principali
della poetica dei cantautori genovesi, animata
soprattutto da un desiderio di anarchia e di libertà.
I personaggi più importanti di questo movimento sono
stati alcuni tra i nomi più rappresentativi della canzone
d'autore italiana: Fabrizio De André, Luigi Tenco,
Umberto Bindi, Gino Paoli, Paolo Conte, Bruno Lauzi.

GIARRATANA: IL MUSEO A CIELO APERTO

Chi vuole fuggire dal caos della città può passare un
weekend tra i vicoli e le stradine del museo all'aperto
di Giarratana un piccolo e antico paese di montagna
in provincia di Ragusa (Sicilia).
Lungo le vie e attraverso le scalinate più caratteristiche
del paese, fatte di pietre bianche, si possono ammirare
le ricostruzioni di alcuni ambienti tipici dell'antica civiltà
contadina e artigiana.
Le case con tetto di canne e travi annerite a causa
delle cucine a legna sono arredate con vari attrezzi
e arnesi originali del mondo contadino. È affascinante
la ricostruzione dell'ambiente familiare con il letto
matrimoniale sopra il quale era appesa la culla dove
dormiva il neonato: se questo piangeva, bastava tirare
una piccola corda per dondolarlo e calmarlo. Poi c'è la
ricostruzione della stanza della masseria (fattoria) in cui
si cucinava il pane, il formaggio e la ricotta. Le donne
ricamavano e cucivano i vestiti dei ricchi signori e
tessevano i corredi di nozze e il corredino per i neonati.
Infine è presente una suggestiva serie di ricostruzioni:
la falegnameria, la bottega del fabbro, i giocattoli dei
bambini, la stanza del calzolaio, dello stagnino,
dello scalpellino, del cestaio e della lavandaia.

SCENA 8

BOMARZO: IL PARCO DELLE MERAVIGLIE

Poche persone conoscono questo originale parco,
pieno di enormi e stranissime statue collocate sopra
una collina vicino alla cittadina di Bomarzo, nel centro
Italia a un'ora da Roma.
Vicino Orsini, che fece costruire il parco delle meraviglie
nel 1550 contro tutte le regole d'arte del tempo, creò
volutamente un'attrazione curiosa e insolita per stupire
gli ospiti e, come disse lui stesso, "per dare respiro al
suo cuore". Per oltre trecento anni si dimenticarono
quelle meraviglie e l'erba coprì i mostri dell'Orsini.
Ma finalmente nel 1938 il pittore spagnolo surrealista
Salvador Dalì riscoprì Bomarzo e ne fece il tema di
un suo famoso quadro.

Quei mostri che erano tra le erbacce spaventavano la
gente del posto che cominciò a pensare a questo parco
come a un luogo abitato da strani spiriti. Così gli abitanti
di Bomarzo iniziarono a chiamarlo "parco dei mostri".
La dozzina di enormi sculture di pietra di grandezza
veramente mostruosa stupiscono i visitatori perché sono
dei veri giganti in confronto alla natura e alle persone
che li visitano: un elefante enorme che ha sul dorso una
torre, il cane infernale con tre teste, orsi giganti, draghi,
orchi. E la casa storta e pendente che fa girare la testa
tanto che ci si deve sforzare per mantenere l'equilibrio.
Sembra proprio realizzato il sogno di Vicino Orsini di
creare qualcosa di soprannaturale sulla collina, sospeso
tra magia e meraviglia.

SCENA 9

RITRATTI E CARICATURE

Durante il Rinascimento discipline come l'astrologia
e la magia ricevono nuovo vigore: c'è un'attenzione
particolare al corpo e alla sua fisionomia. Così come la
vita degli individui procede in armonia con i movimenti
astrali, allo stesso modo anche il corpo modula la sua
espressività in relazione al cielo e ai suoi influssi.
Diventa perciò molto importante la *fisiognomica* cioè
lo studio della persona umana sotto ogni aspetto:
l'anatomia, il moto, l'espressione del volto dal ritratto
alla caricatura. Nel viso dell'uomo e delle bestie si
specchiano tutte le emozioni che vengono passate
come attraverso un filtro. Anche Leonardo da Vinci
s'interessò a questo tipo di studio, tanto che in molti
dei suoi dipinti troviamo figure dall'aspetto caratteristico:
per esempio visi con grandi nasi, menti sproporzionati,
occhi molto incavati. Proprio nella sua opera ci sono le
prime caricature, cioè disegni semplici e essenziali dove
l'immagine della persona rappresentata viene
volutamente deformata caricandone (da qui il termine)
alcuni tratti caratteristici della fisionomia: solitamente il
particolare esagerato ha in sé un contenuto umoristico
come per esempio, orecchie enormi. In genere
l'attenzione di chi disegna è concentrata sul volto
del soggetto, mentre il corpo viene rappresentato
in proporzioni assurde rispetto al viso.

Leonardo da Vinci, *Caricatura di un volto*

SCENA 10

ROMA MULTIETNICA: ARTE, CUCINA E MEDIA

Gombo

Piccola bottega che si trova nel quartiere più multietnico
di Roma: l'Esquilino. Cerca di soddisfare le esigenze
di chi vuole preparare la cucina dell'America Latina
e dell'Africa. Gombo importa prodotti tipici alimentari
come il platano, la banana, la papaia, l'avocado,
il melograno, la yuca, il camote e varie bibite locali
come il guaranà.

Esquilibri

Aperta da poco, Esquilibri, è una libreria del quartiere
Esquilino.

Qui si può trovare un ricco settore sull'intercultura, libri
di scrittori da tutto il mondo e libri per bambini bilingui,
in lingua originale e in italiano. È una scommessa non
facile, quella di sette donne, tutte mamme, che hanno
rilevato la libreria storica dell'Esquilino in stato di
abbandono, per trasformarla in un locale di tendenza.

Le proposte sono molte, dai tè con l'autore, alle mostre d'arte e di fotografia, ai laboratori per bambini, ai corsi di scrittura, agli "aperitivi poetici", ai progetti di impegno sociale.

Radio 1 RAI - *Permesso di soggiorno*

Radio 1 Rai - *Permesso di soggiorno*: sette anni dalla parte degli ultimi e degli immigrati, ore 5.50, dal lunedì al venerdì.

Una trasmissione discreta ma curiosa, dedicata agli immigrati e ai rifugiati, che negli ultimi due anni ha affrontato argomenti di carattere sociale incontrando quelle persone che sembrano chiedere ogni giorno alla collettività un "permesso di soggiorno" per vivere, per sopravvivere. Dai tossicodipendenti, ai disabili, ai nomadi, agli anziani, alle persone che vivono per la strada.

Ristoranti africani

I ristoranti africani a Roma sono soprattutto del Corno d'Africa, anche se ci sono sempre più ristoranti che offrono cibi e sapori dell'Africa subsahariana. Si trovano per la maggior parte intorno alla stazione Termini e a piazza Vittorio. In questi ristoranti è possibile assaggiare saporiti antipasti a base di lenticchie e verdure, chiamati *sambussa*. Oppure gli *spriss*, bocconcini di vitellone, o il riso all'araba, cotto con agnello e spezie insolite per il palato degli italiani. Generalmente consigliato è il *couscous*, sia con con carne sia con pesce, e l'ottimo *zighini*, da mangiare tradizionalmente con le mani, accompagnato da varie salse e verdure.

La rivista *Caffé*

"*Caffè* come quel chicco giunto dai paesi del Sud, che è diventato rito quotidiano della nostra cultura… *Caffè* come quel luogo dove i viaggiatori fanno sosta, stanno insieme e parlano tra loro…", così si definisce questa rivista di letteratura multiculturale.

Al suo interno racconti, poesie, autobiografie, e ancora interviste, canzoni, storie di vita degli immigrati nel nostro paese. Un patrimonio di conoscenze e di esperienze molto importante perché rappresenta un prezioso contributo alla cultura italiana.

Da: http://www.romamultietnica.it

Musica ebraica

Così come è successo in tutta Europa, anche a Roma, in questo ultimo periodo, si è sviluppata una grande attenzione verso la musica di origine ebraica legata alle due grandi tradizioni della diaspora: askhenazita (dall'Est europeo) e sefardita (area occidentale e mediterranea). Si sono formati nuovi gruppi e si sono moltiplicate le possibilità di ascolto non più in occasioni legate solamente a luoghi e a ricorrenze celebrate dalla comunità ebraica romana (ora anche festival e teatri propongono programmi di musica ebraica).

In particolare grande fascino hanno suscitato i ritmi di danza e di marcetta del *klezmer*, la musica delle antiche comunità ebraiche di Polonia, Ucraina, Romania, Russia.

Confronti

È un mensile di fede, politica e vita quotidiana, pubblicato a Roma dal 1989 dalla cooperativa Com-Nuovi Tempi. Alla rivista collaborano cristiani di diverse denominazioni, ebrei, musulmani, buddisti e laici. È un osservatorio sul mondo delle fedi, un laboratorio della società multiculturale italiana.

Ali Al Jabiri

Artista iracheno molto attivo, da molti anni vive a Roma dove si è diplomato all'Accademia di Belle Arti. Molto noto nel suo paese per la realizzazione di importanti monumenti in vari paesi del Medioriente tra cui ricordiamo il gigantesco monumento per l'infanzia morta in guerra realizzato in plexiglas, del peso di tre tonnellate. In Italia i suoi lavori si possono ammirare a Gaeta, Lecce e a Chieti. Promotore del gruppo artistico neosimbolista dei Percettivisti, è presidente dell'associazione Arca che ospita e promuove lavori di giovani artisti.

Storie del mondo

È un progetto di intercultura organizzato dall'Istituzione Biblioteche di Roma, pensato soprattutto per gli studenti delle scuole superiori e finalizzato alla conoscenza delle diverse culture dei paesi di origine degli stranieri immigrati nel nostro paese. L'attività principale del progetto è costituita dalla lettura di testi di letteratura africana, araba, latinoamericana, cinese, indiana e dei paesi dell'Est europeo nonché dall'incontro, nelle biblioteche e nelle scuole, con esperti e mediatori interculturali stranieri.

Da: http://www.romamultietnica.it

Schede grammaticali

Alcuni argomenti grammaticali di base

L'ALFABETO

a	*a*	l	*elle*	u	*u*
b	*bi*	m	*emme*	v	*vu/vi*
c	*ci*	n	*enne*	z	*zeta*
d	*di*	o	*o*	**Lettere straniere**	
e	*e*	p	*pi*	j	*i lunga*
f	*effe*	q	*cu*	k	*kappa*
g	*gi*	r	*erre*	w	*doppia v*
h	*acca*	s	*esse*	x	*ics*
i	*i*	t	*ti*	y	*ipsilon/i greca*

PRONUNCE PARTICOLARI

segno grafico		suono	esempio
c (+ a, o, u) **ch** (+ e, i) **q** (+ ua, ue, ui, uo)		[k]	*Caravaggio* *Michelangelo* *Quasimodo*
c (+ e, i)		[tʃ]	*Botticelli*
sc (+ e, i) **sci** (+ a, o, u)		[ʃ]	*Crescentini* *Sciascia*
g (+ a, o, u) **gh** (+ e, i)		[g]	*Galilei* *Gherardi*
g (+ e, i)		[dʒ]	*Angelico*
gl (+ i) **gli** (+ a, e, o, u)		[ʎ]	*Cagli* *Modigliani*
gn		[ɲ]	*Mantegna*

LE DESINENZE DEI NOMI E DEGLI AGGETTIVI

	maschile	femminile	m/f
singolare	-o	-a	-e
plurale	-i	-e	-i

Juliette è una ragazza francese.
Caterina è una ragazza italiana.
Sauro è un giovane uomo italiano.
Paul è un ragazzo americano.

Caterina e Patrizia sono italiane.
Juliette e Pauline sono francesi.
Giorgio e Sauro sono italiani.
Paul e Bill sono americani.

SCHEDE GRAMMATICALI

Alcuni aggettivi di nazionalità

american-o, -a, -i, -e
arab-o, -a, -i, -e
argentin-o, -a, -i, -e
austriac-o, -a, -i, -e
brasilian-o, -a, -i, -e
bulgar-o, -a, -i, -e
canades-e, -i
cines-e, -i
croat-o, -a, -i, -e
danes-e, -i
frances-e, -i
giappones-e, -i

grec-o, -a, -i, -e
italian-o, -a, -i, -e
olandes-e, -i
portoghes-e, -i
romen-o, -a, -i, -e
russ-o, -a, -i, -e
sloven-o, -a, -i, -e
spagnol-o, -a, -i, -e
svizzer-o, -a, -i, -e
tedesc-o, -a, -i, -e
ungheres-e, -i

NOMI IRREGOLARI

singolare	plurale		altri esempi
il turista la turista	i turisti le turiste	I nomi che finiscono con -ista possono essere maschili o femminili.	dentista, giornalista
il cinema	i cinema	Alcuni nomi che finiscono in -a al plurale non cambiano.	vaglia, sosia
la città	le città	I nomi che finiscono con vocale accentata al plurale non cambiano	libertà, università, caffè
l' uomo l' uovo	gli uomini le uova	Alcuni nomi hanno il plurale irregolare.	il paio - le paia la mano - le mani
il braccio	le braccia	Alcuni nomi di parti del corpo hanno il plurale in -a	dito, labbro, ginocchio
il gioco l' albergo	i giochi gli alberghi	I nomi che finiscono con -o e -go **preceduti da consonante** hanno il plurale in -chi e -ghi. Ma: amico - amici	banco, bosco chirurgo, luogo
la discoteca la collega	le discoteche le colleghe	I nomi che finiscono in -ca e -ga hanno il plurale in -che e -ghe	barca, marca strega, targa
la freccia la spiaggia	le frecce	I nomi che finiscono con -cia e -gia **preceduti da consonante** hanno il plurale in -ce e -ge	arancia reggia
-	i pantaloni	Alcuni nomi si usano generalmente al plurale.	le ferie, gli occhiali

GLI ARTICOLI

	maschile	femminile
singolare	il - l´ (*) - lo (°) un (*) - uno (°)	la - l´ (*) una - un´ (*)
plurale	i - gli (*°)	le

I PARTITIVI

	maschile	femminile
singolare	del - dell´ (*) - dello (°)	della dell´ (*)
plurale	dei - degli (*°)	delle

(*) = a, e, i, o, u
(°) = s+consonante, z, x, gn, ps, y.

Io prendo gli gnocchi.
Giorgio è uno psicologo dilettante.

GLI INTERROGATIVI

	singolare		plurale	
	maschile	femminile	maschile	femminile
chi	chi	chi	chi	chi
che	che	che	che	che
quale	quale	quale	quali	quali
quanto	quanto	quanta	quanti	quante

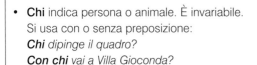

- **Chi** indica persona o animale. È invariabile.
  Si usa con o senza preposizione:
  Chi dipinge il quadro?
  Con chi vai a Villa Gioconda?

- **Che** indica un oggetto o un'azione. È invariabile.
  Si usa con o senza preposizione:
  Che regalo vuoi fare a Giorgio?
  A che ora ci vediamo all'Archivio Storico?

- **Quale** indica cose o persone (la qualità o il tipo),
  può essere singolare o plurale:
  Si usa con o senza preposizione.
  Quale quadro preferisci?
  Quali opere di Leonardo conosci?
  Con quale macchina andiamo alla villa?

- **Quanto** indica una quantità. Può essere maschile
  /femminile, singolare/plurale
  Si usa con o senza preposizione:
  Quanto costa una bottiglia di Brunello?
  Quanti quadri ha dipinto Leandro?
  Da quanto tempo Sauro lavora in discoteca?

L´INDICATIVO PRESENTE

	compr-are	vend-ere	dorm-ire	prefer-ire
io	compr-o	vend-o	dorm-o	prefer-isc-o
tu	compr-i	vend-i	dorm-i	prefer-isc-i
lui, lei, Lei	compr-a	vend-e	dorm-e	prefer-isc-e
noi	compr-iamo	vend-iamo	dorm-iamo	prefer-iamo
voi	compr-ate	vend-ete	dorm-ite	prefer-ite
loro	compr-ano	vend-ono	dorm-ono	prefer-isc-ono

Verbi in **-isco** sono per esempio: **capire, costruire, favorire, finire, preferire.**
Juliette **capisce** *bene l'italiano.*

Alcuni verbi irregolari

essere	sono, sei, è, siamo, siete, sono
avere	ho, hai, ha, abbiamo, avete, hanno
andare	vado, vai, va, andiamo, andate, vanno
bere	bevo, bevi, beve, beviamo, bevete, bevono
dare	do, dai, dà, diamo, date, danno
dire	dico, dici, dice, diciamo, dite, dicono
dovere	devo, devi, deve, dobbiamo, dovete, devono
fare	faccio, fai, fa, facciamo, fate, fanno
potere	posso, puoi, può, possiamo, potete, possono
salire	salgo, sali, sale, saliamo, salite, salgono
sapere	so, sai, sa, sappiamo, sapete, sanno
stare	sto, stai, sta, stiamo, state, stanno
tenere	tengo, tieni, tiene, teniamo, tenete, tengono
uscire	esco, esci, esce, usciamo, uscite, escono
venire	vengo, vieni, viene, veniamo, venite, vengono
volere	voglio, vuoi, vuole, vogliamo, volete, vogliono

I VERBI RIFLESSIVI

		alz-arsi	mett-ersi	vest-irsi
io	mi	alz-o	mett-o	vest-o
tu	ti	alz-i	mett-i	vest-i
lui, lei, Lei	si	alz-a	mett-e	vest-e
noi	ci	alz-iamo	mett-iamo	vest-iamo
voi	vi	alz-ate	mett-ete	vest-ite
loro	si	alz-ano	mett-ono	vest-ono

*Sauro **si alza** alle sei e mezzo ogni mattina.*

LE PREPOSIZIONI SEMPLICI

DI	uso
*Il quadro **di** Leonardo.*	specificazione
*Leonardo ha dipinto **dei** ritratti.*	partitivo
*Giorgio è più alto **di** Paul.*	paragone
*Paul è **di** Boston.*	origine
Il libro di Caterina parla anche di Villa Gioconda.	argomento
*Il quadro ha una cornice **di** legno.*	materia
*Juliette ha lezione **di** mattina.*	tempo
*La villa ha un parco **di** dieci ettari.*	quantità

A	uso
*Juliette va **a** Parigi.*	moto a luogo
*Giorgio è **a** casa di Paul.*	stato in luogo
*Giorgio offre un caffè **a** Caterina.*	complemento di termine
*La prima corsa per Firenze è **alle** 8.00.*	tempo
*Juliette va **a** piedi in centro.*	modo
*Caterina va all'Accademia tre volte **alla** settimana.*	distributivo
*Villa Gioconda è **a** pochi chilometri da Vinci.*	distanza

DA	uso
*Juliette viene **da** Parigi.*	moto da luogo
*Caterina va **da** Giorgio.*	moto a luogo
*Giorgio è **da** Paul.*	stato in luogo
*"La Gioconda" è dipinta **da** Leonardo.*	agente/causa efficiente
*Paul è in Italia **da** circa un mese.*	tempo
*Juliette deve comperare delle scarpe **da** tennis.*	fine

IN	uso
*Paul è **in** Italia.*	stato in luogo
*Juliette va **in** Italia.*	moto a luogo
*Leonardo da Vinci è nato **nel** 1452.*	tempo determinato
*Caterina è arrivata in centro **in** pochi minuti.*	tempo continuato
*Tutti vanno **in** macchina al supermercato.*	mezzo

CON	uso
Paul va a cena **con** Giorgio.	compagnia
Juliette va a Parigi **con** l'aereo.	mezzo
Caterina legge **con** molta attenzione i suoi appunti su Leonardo.	modo
Giorgio prende un tramezzino **con** il prosciutto.	qualità

SU	uso
Il libro di italiano è **su** quel tavolo.	stato in luogo
Loro vanno **su** quella collina a vedere il panorama.	moto a luogo
Caterina legge con molta attenzione i suoi appunti **su** Leonardo.	argomento

PER	uso
Juliette parte **per** la Francia.	moto a luogo
Caterina ha lavorato **per** tre mesi in un museo.	tempo continuato
Caterina studia sempre **per** preparare le sue lezioni.	fine

TRA/FRA	uso
La casa di Caterina è **tra/fra** la chiesa e il parco.	stato in luogo
Juliette finisce il corso d'italiano **tra/fra** due giorni.	tempo
Tra e **fra** hanno lo stesso significato; comunque è preferibile usare **tra** prima di parole che non cominciano con *t* e **fra** prima di parole che non cominciano con *f*.	

Le preposizioni di luogo IN e A

Uso di IN

- Con i nomi di nazioni e regioni:
  Paul va **in** Italia, **in** Toscana.

- Con i nomi di grande isola:
  Caterina va **in** Sicilia.

- Con la parola via:
  La discoteca Trendy è **in** via del Proconsolo.

- Con i mezzi di trasporto:
  Sauro va **in** macchina.

- Con i nomi che finiscono in **-ia** e generalmente con i nomi di luogo femminili:
  Juliette è **in** gelate**ria**.
  Giorgio è **in** ban**ca**.

Uso di A

- Con i nomi di città:
  Leandro va **a** Firenze.

- Con i nomi di piccola isola:
  Juliette è in vacanza **a** Capri.

- Generalmente con i nomi di luogo maschili:
  Giorgio e Paul vanno **al** ristorante.

LE PREPOSIZIONI ARTICOLATE

+	il	lo	l'	la	i	gli	le
a	al	allo	all'	alla	ai	agli	alle
di	del	dello	dell'	della	dei	degli	delle
da	dal	dallo	dall'	dalla	dai	dagli	dalle
in	nel	nello	nell'	nella	nei	negli	nelle
su	sul	sullo	sull'	sulla	sui	sugli	sulle

- Di solito **con** e **per** non si uniscono all'articolo:
  *Questo è il libro **per** il tuo insegnante di italiano.*

- **Tra/fra** non si uniscono mai all'articolo:
  *La scuola **di** italiano si trova **tra** l'Accademia e piazza San Marco.*

- Le preposizioni articolate generalmente si usano prima di un nome determinato:
  *Vado a scuola di pittura. - Vado **alla** scuola di pittura di Altmann.*

- In diversi casi **a** e **in** (semplici o articolate) preposizioni di luogo, non hanno precise regole d'uso:
  Al cinema, a teatro, al mare, in montagna.

ALCUNE PREPOSIZIONI IMPROPRIE

davanti a	*Giorgio aspetta **davanti alla** casa di Caterina.*
dietro a	***Dietro** la villa c'è un grande parco.*
dopo	*Caterina e Juliette si incontrano **dopo** il lavoro.*
durante	***Durante** la notte Caterina si sveglia.*
lontano da	*La villa non è **lontana da** Vinci.*
oltre a	***Oltre a** Caterina e a Juliette ci sono altre persone sul pullman.*
prima di	*Caterina compra un biglietto **prima di** salire sul pullman.*
senza	*I quadri nell'ingresso sono **senza** le cornici.*
sopra	*Villa Gioconda si trova **sopra** una collina.*
sotto	***Sotto** Vinci c'è un agriturismo.*
vicino a	*Villa Gioconda è **vicino a** Vinci.*

I NUMERI

PER CONTARE (cardinali)		PER ORDINARE (ordinali)	
1 uno	23 ventitré	1° primo	9° nono
2 due	24 ventiquattro	2° secondo	10° decimo
3 tre	25 venticinque	3° terzo	11° undicesimo
4 quattro	26 ventisei	4° quarto	12° dodicesimo
5 cinque	27 ventisette	5° quinto	13° tredicesimo
6 sei	28 ventotto	6° sesto	14° quattordicesimo
7 sette	29 ventinove	7° settimo	15° quindicesimo
8 otto	30 trenta	8° ottavo	
9 nove	40 quaranta		
10 dieci	50 cinquanta		
11 undici	60 sessanta		
12 dodici	70 settanta		
13 tredici	80 ottanta		
14 quattordici	90 novanta		
15 quindici	100 cento		
16 sedici	200 duecento		
17 diciassette	1.000 mille		
18 diciotto	2.000 duemila		
19 diciannove	10.000 diecimila		
20 venti	100.000 centomila		
21 ventuno	1.000.000 un milione		
22 ventidue	1.000.000.000 un miliardo		

- Mille (1.000) - duemila (2.000)

- Un milione di...
- Un miliardo di...

- Per ottenere i numeri ordinali da 10 in poi, si toglie la vocale finale del numero cardinale e si aggiunge -esimo:
  diciotto - diciottesimo

I POSSESSIVI

singolare		plurale	
maschile	femminile	maschile	femminile
il mio	la mia	i miei	le mie
il tuo	la sua	i tuoi	le tue
il suo	la tua	i suoi	le sue
il nostro	la nostra	i nostri	le nostre
il vostro	la vostra	i vostri	le vostre
il loro	la loro	i loro	le loro

- I possessivi si accordano con il nome a cui si riferiscono:
  Giorgio e Caterina vanno al loro bar preferito.
  Caterina incontra la sua amica.

- Davanti ai possessivi va quasi sempre l'articolo:
  Il suo quadro è un vero capolavoro.

- Davanti ai nomi di famiglia al singolare non va l'articolo*:
  Mio cugino Fabrizio dipinge.

- * Ma con i nomi di famiglia al plurale e con *mamma* e *papà* davanti al possessivo va l'articolo: *i nostri fratelli/la mia mamma/il mio papà.*

- Davanti ai nomi di famiglia al singolare + aggettivo va l'articolo:
  Paul e il suo fratello maggiore studiano a Boston.

- Davanti al possessivo *loro* va **sempre** l'articolo:
  Il loro figlio studia storia dell'arte.

- Quando si parla della propria casa il possessivo va dopo il nome:
  Restate a casa mia stanotte.

L'AGGETTIVO *BELLO*

maschile		femminile	
singolare	plurale	singolare	plurale
bel	bei	bella/bell'	belle
bello/bell'	begli		

- L'aggettivo **bello** ha le stesse regole di scrittura dell'articolo **il**:
  bel quadro/bei quadri/bella villa/bello studio ecc.

GLI AVVERBI

di luogo	di tempo	altri avverbi
avanti	ancora	volentieri
indietro	già	davvero
	stamattina	così
	stasera	stanotte
	dopodomani	

LA POSIZIONE DEGLI AVVERBI

L'avverbio:

- sta generalmente dopo il verbo a cui si riferisce (con i tempi composti molti avverbi possono stare tra essere/avere e il participio):
  *Paul si è **già laureato** in storia dell'arte.*
  *Caterina, Giorgio e Paul **sono davanti** all'Archivio di Stato.*

- sta sempre davanti all'aggettivo a cui si riferisce:
  *Villa Gioconda è **così bella**!*

- *non* sta sempre davanti al verbo:
  *Caterina **non è ancora** arrivata all'Accademia.*

IL PASSATO PROSSIMO

infinito	compr-are	vend-ere	dorm-ire
participio passato	compr-ato	vend-uto	dorm-ito

Io	ho		
Giorgio Caterina	ha	comprato	una borsa
Caterina e Giorgio Caterina e Anna	hanno		

Giorgio	è	andato	
Caterina		andata	a Firenze
Caterina e Giorgio	sono	andati	
Caterina e Anna		andate	

Giorgio	si	è	alzata	
Caterina			alzato	alle 8
Caterina e Giorgio		sono	alzati	
Caterina e Anna			alzate	

Alcuni verbi hanno il participio passato irregolare:

essere	sono stato/-a/-i/-e		fare	ho fatto
rimanere	sono rimasto/-a/-i/-e		leggere	ho letto
venire	sono venuto/-a/-i/-e		mettere	ho messo
aprire	ho aperto		prendere	ho preso
bere	ho bevuto		scegliere	ho scelto
chiudere	ho chiuso		scrivere	ho scritto
dire	ho detto		vedere	ho visto

IL PASSATO PROSSIMO DEI VERBI PRONOMINALI

- I verbi pronominali hanno sempre l'ausiliare **essere**:

- Il pronome va sempre prima di essere.
  Leonardo si è interessato di astronomia.

- Il participio passato si accorda con il soggetto:
  Caterina si è impegnata nelle ricerche su Villa Gioconda.

- Forma negativa: **non** va sempre prima del pronome:
  *Sauro **non si** è interessato molto alla storia di Villa Gioconda.*

I PRONOMI DIRETTI CON IL PARTICIPIO PASSATO

- I pronomi la/lo/le/li si accordano con il participio passato:
  Hai visto Giorgio e Caterina? No, non li ho visti.

- Solo la e lo si possono apostrofare:
  Conosci Sauro? Sì l'ho conosciuto in discoteca.
  Dove hai visto Juliette? L'ho vista davanti al bar.

IL PASSATO PROSSIMO DEI VERBI MODALI + INFINITO

- Con **essere**, se il verbo che segue il modale vuole **essere**.
  *Non **siamo potuti** andare a scuola.*
  *(Andare/**essere**)*

- Con **avere**, se il verbo che segue il modale vuole avere.
  ***Abbiamo dovuto** dormire in albergo.*
  *(Dormire/**avere**)*

IL DIMOSTRATIVO *STESSO/-A*

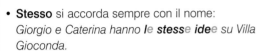

- **Stesso** si accorda sempre con il nome:
  *Giorgio e Caterina hanno le **stesse idee** su Villa Gioconda.*

- **Stesso** = identico, uguale.
  *Questo orologio ha lo **stesso prezzo** della collana.*

- **Stesso** serve per rinforzare un nome o un pronome:
  ***Giorgio stesso** non crede a questa strana storia.*

I PRONOMI DIRETTI E INDIRETTI

I PRONOMI DIRETTI	I PRONOMI INDIRETTI
mi	mi
ti	ti
lo/la	gli/le
ci	ci
vi	vi
li/le	gli (a loro)

- I pronomi diretti sostituiscono un oggetto diretto o una frase intera:
  *Sauro **ci** ha invitato in discoteca.*
  *Dove è andato Sauro? Non **lo** so.*

- Vanno in genere prima del verbo:
  *Allora porta via il libro, così **lo** leggi con calma.*

- Si può usare il pronome diretto insieme all'oggetto diretto per dare più rilievo all'oggetto stesso:
  *Il libro? **Lo** finisco domani.*

- Con *potere, volere, dovere, sapere, cominciare a, stare per, stare, finire di*+gerundio, il pronome diretto e indiretto può andare prima del verbo o dopo l'infinito formando un'unica parola:
  È un quadro bellissimo.
  ***Lo** vuoi vedere?/Vuoi veder**lo**?*

- Per la forma di cortesia: **La**
  *Piacere di conoscer**La** Leandro.*

- I pronomi indiretti sostituiscono un oggetto indiretto.
  *Sono andata a casa di Caterina e **le** ho portato un regalo.*

- Vanno in genere prima del verbo:
  *Juliette, **mi** dai il tuo numero di telefono?*

- Alcuni verbi come *piacere, sembrare, dispiacere* ecc. vogliono il pronome indiretto:
  ***Mi** è sembrato di vedere Sauro.*

- È comune l'uso del pronome **gli** per **a loro**:
  Hai telefonato a Caterina e Juliette?
  *Sì, **gli** ho telefonato ieri.*

- Per la forma di cortesia: **Le**
  ***Le** do questo orologio a un prezzo speciale.*

LA DOPPIA NEGAZIONE

- Con i negativi mettiamo **non** che va sempre prima del verbo: **non + verbo + negativo** (*neanche, neppure, nemmeno ecc.*)

***Non** posso parlare neanche a te di questa storia.*

GLI INDEFINITI

nessuno/-a	*Nessuna villa è bella come Villa Gioconda.* *Nessun quadro è bello come la Gioconda.*
alcuni/-e	*Alcuni giornali hanno dato l'incredibile notizia.*
qualche	*Leandro ha dipinto **qualche** quadro.* ***Qualche** volta Juliette non ha detto la verità.*
parecchio/-a/-i/-e	***Parecchie** persone hanno visto il quadro di Leandro.*
altro/-a /-i/ -e	*Leandro ha dipinto anche **altri** quadri.*
tutto/-a/-i/-e	***Tutti** i giorni Juliette andava da Leandro.*
troppo/-a /-i/-e	*Paul e Giorgio hanno bevuto **troppi** bicchieri di vino alla festa.*

- Gli indefiniti si accordano con il nome, escluso **qualche** che vuole solo il singolare maschile o femminile.
  *Juliette ha comprato **qualche** libro su Firenze.*

- **Nessuno** è solo singolare e ha le stesse regole dell'articolo indeterminativo:
  ***Nessun** uomo è così invadente come Sauro.*

- **Tutti/-e** + numeri:
  *Sauro ha invitato Caterina e Juliette in discoteca, ma **tutte e due** (**tutt'e due**) hanno detto di no.*

I VERBI *METTERCI* E *VOLERCI*

metterci	volerci
ci metto ci metti ci mette ci mettiamo ci mettete ci mettono	**ci vuole** (per il singolare) **ci vogliono** (per il plurale)

- Il verbo **metterci** indica in senso oggettivo il tempo necessario per fare una cosa:
  *Per andare a Villa Gioconda **Giorgio ci mette** quaranta minuti.*

- Il verbo **volerci** indica oggettivamente quanto tempo o che cosa è necessario per fare qualcosa:
  *Per andare da casa di Giorgio a casa di Caterina **ci vuole** mezz'ora.*
  *Per fare lo zabaione **ci vogliono** le uova.*

L´IMPERFETTO INDICATIVO

	compr-are	vend-ere	dorm-ire
io	compr-avo	vend-evo	dorm-ivo
tu	compr-avi	vend-evi	dorm-ivi
lui, lei, lei	compr-ava	vend-eva	dorm-iva
noi	compr-avamo	vend-evamo	dorm-ivamo
voi	compr-avate	vend-evate	dorm-ivate
loro	compr-avano	vend-evano	dorm-ivano

Alcuni verbi irregolari

essere	ero, eri, era, eravamo, eravate, erano
bere	bevevo, bevevi, beveva, bevevamo, bevevate, bevevano
dire	dicevo, dicevi, diceva, dicevamo, dicevate, dicevano
fare	facevo, facevi, faceva, facevamo, facevate, facevano

Uso dell'imperfetto

- Per raccontare ed esprimere un'azione ripetuta/un'abitudine:
  Leandro **dipingeva** *tutti i giorni.*

- Per descrivere persone, animali, cose, situazioni:
  Giorgio **era** *alto,* **aveva** *i capelli grigi e una faccia simpatica.*
  Era *una festa molto divertente e tutti* **erano** *allegri.*

- Per esprimere due azioni contemporanee:
  Caterina **beveva** *un caffè mentre Juliette telefonava.*

- Per esprimere un'azione continuata:
  Caterina **camminava** *sui Lungarni.*

IMPERFETTO/PASSATO PROSSIMO

- Il passato prossimo esprime un'azione con un inizio e una fine determinati, l'imperfetto esprime un'azione senza un inizio e una fine determinati:
  Caterina **ha scritto** *un articolo.*
  Caterina **scriveva** *poesie.*

- Il passato prossimo si usa per (azione completa) interrompere l'azione dell'imperfetto (incompleta):
  Mentre Caterina **scriveva**, **è arrivata** *Juliette.*

I GRADI DELL'AGGETTIVO

Comparativi di maggioranza e minoranza

più/meno di	
due nomi	*Caterina è più/meno sincera di **Juliette***
due pronomi personali	***Lei** è più/meno interessante di **lui***
più/meno che	
due aggettivi	*Sauro è più/meno **pratico** che **riflessivo***
due verbi	***Dipingere** è più/meno interessante che **disegnare***
due nomi o pronomi con preposizione	*Juliette è più/meno gentile **con** Caterina che **con** Sauro*
due avverbi	*Juliette abita più/meno **volentieri** a Vinci che **qua***
quantità o numeri	*In questa storia ci sono più/meno **uomini** che **donne***

Il superlativo relativo

il/la/i/le **più/meno** + aggettivo + di... *(anche preposizione articolata)*	*Juliette è la **più giovane del** gruppo*

Il superlativo assoluto

Aggettivo + **-issimo/-a/-i/-e**	*Il quadro è bell**issimo*** *"La Gioconda" è bell**issima*** *I quadri sono bell**issimi*** *Le opere di Raffaello sono bell**issime***
molto + aggettivo	*Il quadro di Botticelli è **molto** bello*
stra-, super-, arci-, iper-	*Il quadro di Masaccio è **stra**bello*
ripetizione dell'aggettivo	*Il quadro di Leonardo è **bell**o **bell**o*

Alcuni comparativi e superlativi irregolari

AGGETTIVO	COMPARATIVO	SUPERLATIVO
buono	**migliore** (più buono)	**ottimo** (buonissimo)
cattivo	**peggiore** (più cattivo)	**pessimo** (cattivissimo)
grande	**maggiore** (più grande)	**massimo** (grandissimo)
piccolo	**minore** (più piccolo)	**minimo** (piccolissimo)
AVVERBIO		
bene	meglio	benissimo
male	peggio	malissimo
poco	meno	pochissimo
molto	più	moltisssimo

*Questo vino è **buono**, il Chianti è **migliore**, il Brunello è **ottimo**.*
*I tortellini costano **poco**, le tagliatelle costano **meno**, gli spaghetti costano **pochissimo**.*

STARE PER + INFINITO

> • **stare per** + **infinito** esprime un'azione futura **molto vicina**.
> *Caterina **sta per finire** la sua lezione.*

L´IMPERATIVO

	cant-are	prend-ere	part-ire	cap-ire
io	/	/	/	/
tu	cant-a	prend-i	part-i	cap-isc-i
lui, lei, Lei	cant-i	prend-a	part-a	cap-isc-a
noi	cant-iamo	prend-iamo	part-iamo	cap-iamo
voi	cant-ate	prend-ete	part-ite	cap-ite
loro	cant-ino	prend-ano	part-ano	cap-isc-ano

• Verbi in **-isco** sono per esempio: **capire, costruire, favorire, finire, preferire.**
*Giorgio, cap**isca** la mia situazione, sono in difficoltà.*

> • L'imperativo negativo per la seconda persona singolare si forma con *non* + infinito:
> *Non guardare!*
> *Non toccare!*

L'IMPERATIVO CON I PRONOMI

> • L'imperativo e i pronomi diretti, indiretti, combinati:
> **ci** e **ne** formano una sola parola.
> *Dite**mi** tutto di questo pittore!*
> *Questo gioiello è stupendo. Guarda**telo**!*
> *Andiamo**ci** oggi a casa di Giorgio!*
> *Hai dei CD? Porta**ne** qualcuno alla festa!*
>
> • Per l'imperativo dei verbi irregolari **andare, dare, fare, stare, dire** si raddoppia la consonante.
> *Fa**mmi** vedere il gioiello!*
> *Di**mmi** tutto del pittore!*
>
> • Con l'imperativo negativo il pronome può andare prima o dopo l'imperativo:
> *È troppo tardi per andare a casa di Giorgio!*
> *Non andateci!/Non ci andate!*
> *Questo quadro non è finito. Non guardatelo!/ Non lo guardate!*

I RELATIVI

- **Che** e **cui** sono invariabili.

- **Che** sostituisce un soggetto o un oggetto senza preposizione:
  *Il quadro **che** hai visto è di Leandro.*
  *Juliette **che** è la nipote di Leandro, abita a Parigi.*

- **Cui** sostituisce un oggetto con preposizione:
  *La persona **con cui** hai parlato si chiama Paul.*

- **Cui** ha sempre davanti una preposizione*
  (**a cui, di cui, da cui** ecc.):
  *Il paese **da cui** provengo è la Francia.*

- * Possiamo non mettere **a** davanti a **cui**
  (espressione più formale):
  *La persona **cui** (= **a cui**) hai dato il libro si chiama Giorgio.*

IL *CI* LOCATIVO E IL *NE* PARTITIVO

- **Ci** sostituisce **qua, là**:
  Quando andiamo a casa di Giorgio?
  ***Ci** andiamo domani.*

- **Ne** si riferisce a una parte di una quantità positiva o negativa (nessuno ecc.) e a numeri:
  Quante opere del Pollaiolo conosci?
  ***Ne** conosco alcune./Non **ne** conosco nessuna./*
  ***Ne** conosco due*

- **Ne** + passato prossimo:
  Quante opere di Masaccio hai visto?
  Ne ho viste alcune.
  Quanti quadri di Leonardo hai visto?
  Non ne ho visto nessuno.

IL TRAPASSATO PROSSIMO

Uso del trapassato prossimo

- Per esprimere un'azione al passato che è successa prima di un'altra azione ancora al passato:
  *Giorgio mi ha raccontato che **aveva parlato** con Leandro.*
  *Caterina e Juliette dicevano che **erano state** in discoteca.*

IL CONDIZIONALE PRESENTE

	cant-are	prend-ere	part-ire
io	cant-erei	prend-erei	part-irei
tu	cant-eresti	prend-eresti	part-iresti
lui, lei, Lei	cant-erebbe	prend-erebbe	part-irebbe
noi	cant-eremmo	prend-eremmo	part-iremmo
voi	cant-ereste	prend-ereste	part-ireste
loro	cant-erebbero	prend-erebbero	part-irebbero

- Le forme della prima e della seconda coniugazione sono uguali.

- I verbi in **-c**a**re** e **-g**a**re** aggiungono una **h**:
*Gio**che**rei volentieri a tennis con te.*
*Pa**ghe**rei io il conto ma non ho soldi.*

- I verbi che finiscono con **-ci**a**re**/**-gi**a**re** perdono la **i**:
*Comin**ce**resti tu, per favore?*
*Man**ge**resti volentieri una pizza stasera?*

Uso del condizionale presente

- Per esprimere un desiderio:
*Giorgio **vorrebbe** fare una grande festa.*

- Per chiedere in modo cortese:
***Potrei** provare questi pantaloni?*

- Per dare consigli:
*Visto il tempo così brutto, vi **consiglierei** di rimanere a casa.*

- Per dare un'informazione non del tutto sicura:
*Caterina **sarebbe** una discendente di una nobile famiglia fiorentina.*

Alcuni verbi irregolari

essere	sarei, saresti, sarebbe, saremmo, sareste, sarebbero
avere	avrei, avresti, avrebbe, avremmo, avreste, avrebbero
andare	andrei, andresti, andrebbe, andremmo, andreste, andrebbero
bere	berrei, berresti, berrebbe, berremmo, berreste, berrebbero
dare	darei, daresti, darebbe, daremmo, dareste, darebbero
dire	direi, diresti, direbbe, diremmo, direste, direbbero
dovere	dovrei, dovresti, dovrebbe, dovremmo, dovreste, dovrebbero
fare	farei, faresti, farebbe, faremmo, fareste, farebbero
potere	potrei, potresti, potrebbe, potremmo, potreste, potrebbero
sapere	saprei, sapresti, saprebbe, sapremmo, sapreste, saprebbero
stare	starei, staresti, starebbe, staremmo, stareste, starebbero
tenere	terrei, terresti, terrebbe, terremmo, terreste, terrebbero
vedere	vedrei, vedresti, vedrebbe, vedremmo, vedreste, vedrebbero
venire	verrei, verresti, verrebbe, verremmo, verreste, verrebbero
vivere	vivrei, vivresti, vivrebbe, vivremmo, vivreste, vivrebbero
volere	vorrei, vorresti, vorrebbe, vorremmo, vorreste, vorrebbero

AVERE BISOGNO DI, BISOGNA, BASTA

avere bisogno di	bisogna = è necessario	basta = è sufficiente
Ho bisogno di vedere Caterina Leandro **ha bisogno di** tempo per dipingere il suo capolavoro	**Bisogna organizzare** una mostra per presentare il quadro di Leandro	**Basta andare** al negozio di Giorgio per trovare molti oggetti interessanti. **Bastano** pochi minuti per andare a Vinci

- Forma personale
- Dopo *avere bisogno di* si mette un nome o l'infinito.

- Forme impersonali + infinito
- Dopo *basta* si mette o un nome al singolare o l'infinito.
- Dopo *bastano* si mette o un nome al plurale.
- Dopo *bisogna* si mette sempre l'infinito.

IL FUTURO SEMPLICE

	cant-are	prend-ere	dorm-ire
io	cant-erò	prend-erò	dorm-irò
tu	cant-erai	prend-erai	dorm-irai
lui, lei, Lei	cant-erà	prend-erà	dorm-irà
noi	cant-eremo	prend-eremo	dorm-iremo
voi	cant-erete	prend-erete	dorm-irete
loro	cant-eranno	prend-eranno	dorm-iranno

- Le forme della prima e seconda coniugazione sono uguali.

- I verbi in -**c**are e -**g**are aggiungono una **h**:
  *Gio**ch**erò volentieri a tennis con te.*
  *Pa**gh**erò io il conto stasera.*

- I verbi che finiscono con -**ci**are e -**gi**are perdono la **i**:
  *Comin**ce**rai tu?*
  *Man**ge**rai la pizza stasera?*

Uso del futuro semplice

- Per azioni successive al momento in cui parliamo:
  *Domani Giorgio **andrà** a Villa Gioconda.*

- Per fare delle ipotesi o esprimere dubbi:
  *Juliette **avrà** le sue buone ragioni.*
  *Dove **sarà** Leandro?*

- Spesso nel parlato il presente indicativo sostituisce il futuro semplice:
  *Juliette domani **parte**.*

Alcuni verbi irregolari

essere	sarò, sarai, sarà, saremo, sarete, saranno
avere	avrò, avrai, avrà, avremo, avrete, avranno
andare	andrò, andrai, andrà, andremo, andrete, andranno
bere	berrò, berrai, berrà, berremo, berrete, berranno
dare	darò, darai, darà, daremo, darete, daranno
dire	dirò, dirai, dirà, diremo, direte, diranno
dovere	dovrò, dovrai, dovrà, dovremo, dovrete, dovranno
fare	farò, farai, farà, faremo, farete, faranno
potere	potrò, potrai, potrà, potremo, potrete, potranno
sapere	saprò, saprai, saprà, sapremo, saprete, sapranno
stare	starò, starai, starà, staremo, starete, staranno
tenere	terrò, terrai, terrà, terremo, terrete, terranno
vedere	vedrò, vedrai, vedrà, vedremo, vedrete, vedranno
venire	verrò, verrai, verrà, verremo, verrete, verranno
vivere	vivrò, vivrai, vivrà, vivremo, vivrete, vivranno
volere	vorrò, vorrai, vorrà, vorremo, vorrete, vorranno

LA CONCORDANZA DEI TEMPI DELL'INDICATIVO

frase principale	frase secondaria	rapporto temporale
so che	*andranno/andrebbero a Villa Gioconda*	posteriorità
so che	*vanno a Villa Gioconda*	contemporaneità
so che	*sono andati/andavano/erano andati a Villa Gioconda*	anteriorità
ho saputo/sapevo/avevo saputo che	*sarebbero andati a Villa Gioconda*	posteriorità
ho saputo/sapevo/avevo saputo che	*andavano a Villa Gioconda*	contemporaneità
ho saputo/sapevo/avevo saputo che	*sono andati/erano andati a Villa Gioconda*	anteriorità
saprò se	*andranno a Villa Gioconda*	posteriorità/contemporaneità
saprò se	*sono andati/erano andati a Villa Gioconda*	anteriorità

Unità 1

5.

maschile		femminile	
singolare	plurale	singolare	plurale
L'autobus	Gli autobus	La spiaggia	Le spiagge
Il cinema	I cinema	L' insegnante	Le insegnanti
L'orologio	Gli orologi	La città	Le città
-	Gli occhiali	La barca	Le barche
Il turista	I turisti		
Il computer	I computer		
Il giornale	I giornali		
Il caffè	I caffè		

6.

Si chiama Caterina, è italiana, fa l'insegnante, lavora a Firenze, lavora all'Accademia di Belle Arti.
Si chiama Sauro, è italiano, fa l'autista di pullman, lavora in una discoteca, è invadente.
Si chiama Juliette, è francese, è studentessa, abita a Parigi, studia italiano.

8.

1. b; 2. c; 3. a; 4. a; 5. b; 6. b

9.

Caterina: Ciao, sono Caterina…
Juliette: Molto piacere… Juliette.
Caterina: Piacere. Di dove sei?
Juliette: Sono francese, di Parigi.
Caterina: Cosa fai in Italia?
Juliette: Studio italiano.
Caterina: Dove?
Juliette: Alla scuola Tuttitaliano, è in via Cavour.
Juliette: Tu cosa fai di lavoro?
Caterina: Insegno all'Accademia di Belle Arti di Firenze.
Juliette: È un lavoro interessante!
Caterina: Sì, è un lavoro interessante e creativo, sono molto contenta.
Juliette: Ecco… arriva il pullman…
Sauro: Ciao bella!
Sauro: Ehi Caterina, mi presenti la tua amica?
Caterina: Ciao Sauro.
Caterina: Questo è …
Sauro: Ciao, mi chiamo Sauro e tu come ti chiami?
Juliette: Juliette.

10.

la tua, la mia, il tuo, un mio, la tua, i tuoi, i miei, il mio, il tuo, il suo, il suo/il vostro, la tua

11.

alla, dell', in, sulle, a, a, in, alla, in, all', di, di, del, dell', per, alla, in, a, a, da, per, di, di a, di

13.

1. e; 2. i; 3. a; 4. n; 5. l; 6. g; 7. p; 8. d; 9. b; 10. o; 11. c; 12. q; 13. f; 14. h; 15. m

14.

1. bel, bello, bellissimo; 2. bella, bella, bellissima, 3. bei, belli, bellissimi; 4. belle, belle, bellissime; 5. begli, belli, bellissimi; 6. belle, belle, bellissime

15.

guardano, rimane, aumentano, incontrano, dichiarano, vanno, va, legge, legge, è, sono, sono, usano, è, esprimono, vanno, vanno, preferiscono, dichiarano, sono, praticano, sono, diminuisce, è, sono

16.

I	S	T	I	T	U	T	O	V	E	C	R
N	D	C	U	R	I	O	S	A	O	O	D
T	S	F	I	R	E	N	Z	E	U	N	N
E	N	I	N	S	E	G	N	A	N	T	E
R	U	N	L	P	R	V	I	E	S	E	H
E	G	V	F	A	A	E	U	R	G	N	V
S	E	A	T	M	R	A	L	I	E	T	N
S	O	D	D	I	S	F	A	T	T	O	W
A	E	E	U	C	V	E	N	A	S	D	X
N	B	N	N	O		P	A	R	I	G	I
T	A	T	L	E	T	F	E	D	T	H	W
E	T	E	A	R	A	U	T	O	B	U	S

Amico
Autobus
Contento
Curiosa
Firenze
Insegnante
Interessante
Invadente
Istituto
Parigi
Ritardo
Soddisfatto

17.

Orizzontali
3. 17
5. 13
6. 9
7. 2000
8. 8
9. 12
12. 20
13. 4
14. 10
15. 6
16. 7
17. 5
18. 11
19. 14

Verticali
1. 18
2. 101
3. 19
4. 3
10. 1
11. 1000
13. 15
14. 2
16. 16

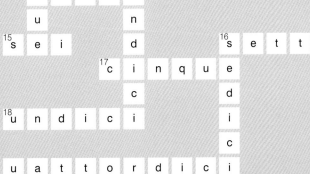

Crossword solution:

1 (vert) d — diciannove
2 (vert) c — centuno
3 (oriz) diciassette
4 (vert) tre
5 (oriz) tredici
6 (oriz) nove
7 (oriz) duemila
8 (oriz) otto
9 (oriz) dodici
10 (vert) uno
11 (vert) mille
12 (oriz) venti
13 (oriz/vert) quattro / quindici
14 (oriz/vert) dieci / due
15 (oriz) sei
16 (oriz/vert) sette / sedici
17 (oriz) cinque
18 (oriz) undici
19 (oriz) quattordici

Unità 2

1. Al bar

Giorgio: Buongiorno, Giovanni.
Barista: Buongiorno signor Torrisi. Cosa desiderate?
Giorgio: Cosa prendi?
Caterina: Io prendo un cappuccino e una pasta con la crema.
Giorgio: Io vorrei un caffè macchiato.
Barista: Ecco il caffè per lei e il cappuccino per la signora.
Giorgio: Quant'è?
Barista: Sono 3 euro e 10. Ecco lo scontrino!
Giorgio: Grazie.
Barista: Grazie a lei.

2.

cappuccino con panna; caffè doppio con dolcificante; zucchero di canna; latte freddo; caffè macchiato in bicchiere

3.

Barista: Buongiorno, Giorgio, cosa **desidera/prende**?
Giorgio: Vorrei **un caffè** e una brioche con **la marmellata/la crema**…, per **favore**.
Barista: Bene, porto al **tavolo**?
Giorgio: Sì, grazie. **Mi siedo** fuori.
          Grazie, … c'è il giornale?
Barista: Mi dispiace, lo **legge** un altro signore…
Giorgio: Non fa niente, lo **leggo** dopo!
Barista: Ecco il giornale!
Giorgio: Grazie! Posso avere anche un succo di **arancia/pompelmo**…, per **favore**?
Barista: Volentieri!
Giorgio: Grazie **mille**!
          Posso avere il conto, per **favore**?
Barista: Certamente, ecco lo **scontrino**, fanno 4,50 Euro.
Giorgio: Ecco qui… grazie **mille**.
Barista: Grazie a lei.
Giorgio: Arrivederci.

4.

6, 3, 4, 2, 1, 5, 7

5.

Andiamo a prendere un caffè?
Io vorrei un caffè macchiato.
Io prendo un cappuccino e un cornetto con la crema.
Dobbiamo andare subito all'Archivio.
Io smetto di lavorare verso le tre.
Siamo qui da quasi due ore.
Possiamo vedere i documenti degli scaffali?
Insegno all'Accademia di Belle Arti.

7. L'agenda

	lunedì	martedì	mercoledì	giovedì	venerdì	sabato	domenica
8.00	8.30-12.30 italiano	8.30-12.30 italiano	8.30-12.30 italiano	8.30-12.30 italiano	8.30-12.30 italiano		
9.00	8.30-12.30 italiano	8.30-12.30 italiano	8.30-12.30 italiano	8.30-12.30 italiano	8.30-12.30 italiano		
10.00	8.30-12.30 italiano	8.30-12.30 italiano	8.30-12.30 italiano	8.30-12.30 italiano	8.30-12.30 italiano		
11.00	8.30-12.30 italiano	8.30-12.30 italiano	8.30-12.30 italiano	8.30-12.30 italiano	8.30-12.30 italiano		
12.00	8.30-12.30 italiano	8.30-12.30 italiano	8.30-12.30 italiano	8.30-12.30 italiano	8.30-12.30 italiano		
13.00				pranzo da Caterina			
14.00				shopping con Caterina			
15.00							
16.00			dentista				
17.00							
18.00							
19.00							
20.00							
21.00		cinema			cena con Giorgio e compagnia	teatro: Nabucco	pizza con i compagni del corso

9.
voglio, deve, vuole, potete, devo, devi, dobbiamo, posso, posso, devo, possiamo, posso, puoi, volete, possiamo, dobbiamo.

10.
c'è un orologio, c'è uno specchio, c'è una Bibbia, c'è un quadro, ci sono due tazzine, ci sono sei bicchieri, c'è un vaso cinese, c'è una lampada, c'è un vassoio di argento, c'è una coppa in argento, c'è una statuetta, ci sono due vasi, ci sono le posate di argento.

11.
si sono incontrati, sono andati, si sono seduti, hanno bevuto, mangiato, ha raccontato, ha sfogliato, ha trovato, si sono dati appuntamento, hanno cercato, hanno chiesto, hanno completato, sono rimasti, hanno avuto, hanno trovato, si è interessato.

12.

1. posso; 2. possiamo; 3. possono; 4. posso; 5. può; 6. possiamo; 7. possiamo; 8. possono; 9. posso; 10. possono; 11. possiamo; 12. possono

13.

Crossword answers:
- 1. macchiato
- 4. succo
- 6. gassata
- 8. panino
- 9. prosecco
- 11. brioche
- 12. cocacola
- 14. cappuccino
- 16. crema
- 17. tramezzino
- 19. zucchero
- 20. patatine
- 21. latte
- 23. vino
- 24. acquaminerale
- natura(le)

Down letters visible: aranciata, grappa, spremuta, cioccolatacibo, pizza, marmellata, birra, cioccolatacaldo, mangiare, frullato, crostata, cocacola, digestivo...

Unità 3

3.

Cameriere:	Buonasera signori, signor Torrisi, che piacere vederla.
Giorgio:	Buonasera.
Paul:	Buonasera.
Cameriere:	Siete in due?
Giorgio:	Sì, grazie.
Cameriere:	Va bene questo tavolo?
Giorgio:	Perfetto, grazie.
Cameriere:	Ecco i menù!
Cameriere:	Allora, signor Torrisi, avete deciso?
Giorgio:	Sì. Io prendo le penne ai quattro formaggi e di secondo una scaloppina al limone con patate fritte.
Paul:	Per me tagliatelle ai funghi e poi coniglio alla cacciatora.
Cameriere:	Bene, e da bere?
Giorgio:	Prendiamo del vino?
Paul:	Io preferisco la birra.
Giorgio:	Allora io prendo mezzo litro di rosso, lo stesso dell'ultima volta, e una bottiglia di acqua minerale.

Cameriere:	Naturale o gassata?
Giorgio:	Naturale.
Cameriere:	Perfetto, grazie.
Giorgio:	Ci porta il conto per favore?
Cameriere:	Eccolo signori!
Giorgio:	Offro io!
Paul:	No, dai… facciamo alla romana.
Giorgio:	No, no… l'idea è stata mia… la prossima volta farai tu!
Paul:	Va bene… la prossima volta tocca a me!

4.
lo, le, lo, la, mi, la, lo, gli, gli, mi, gli, lo, lo, lo

5.
stanotte, ieri sera, stamattina, domani, dopodomani, stasera, oggi

7.
la, mi, mi, le, la, la, la, lo, li, li, li, gli, la, la, lo, lo, ti

10.
Possibile soluzione

FIRENZE CENTRO
Attico arredato panoramico,
180 mq,
salone, 3 camere, cucinotto, bagno, ripostiglio e terrazza,
riscaldamento autonomo,
ascensore.
Affitto 1800 €

FIRENZE CENTRO
Mansarda 30 mq
con vista sul Giardino di Boboli,
molto luminoso e tranquillo,
doppi vetri aria condizionata, ristrutturato, cotto, travi a vista, soppalcato,
arredato,
adatto a giovane coppia,
riscaldamento autonomo.
Affitto 850 €

FIRENZE CENTRO
Trilocale
in centro con balcone e cantina,
3° e ultimo piano,
completamente ristrutturato e arredato.
Serramenti in legno e doppi vetri,
aria condizionata,
riscaldamento autonomo.
Affitto 1500 €

13.
1. h; 2. i; 3. a; 4. g; 5. f; 6. c; 7. b; 8. e; 9. d

16.
1. già, non ancora; 2. già 3. già, non ancora; 4. già, non ancora

18.
lo stesso, la stessa, le stesse, gli stessi, lo stesso, stessi

Unità 4

1.

Giorgio: Ciao Sauro!
Sauro: Ciao Giorgio, tutto bene?
Giorgio: Sì, grazie, e tu come stai?
Sauro: Sì, grazie, tutto perfetto!
Giorgio: Senti, sabato faccio quarant'anni e organizzo una festa, ci sono alcuni amici… vieni anche tu?
Sauro: Sì, volentieri… mi fa piacere. Chiedo a Gianni di sostituirmi in discoteca. Ci sarà parecchia gente?
Giorgio: Ma… penso di sì, ci sono parecchie ragazze, non ti preoccupare!
Sauro: … e nessuna per me.
Giorgio: Ma dai… per le 9, ok?
Sauro: Bene, a casa tua, sabato, e grazie per l'invito!
Giorgio: Grazie a te, ci vediamo!

Giorgio: Ciao Silvia!
Silvia: Ciao Giorgio, come stai?
Giorgio: Molto bene, grazie, e tu?
Silvia: Molto bene, grazie!
Giorgio: Senti, sabato festeggio il compleanno e organizzo una festa, ci sono alcuni amici… vieni anche tu?
Silvia: Oh… mi dispiace tanto, non posso. Sono a Roma per lavoro, rientro domenica.
Giorgio: Che peccato, mi dispiace davvero.
Silvia: Anche a me, mi dispiace molto, ma ci vediamo a cena la settimana prossima, ti va?
Giorgio: Certamente, volentieri. Ci sentiamo per telefono!
Silvia: Sicuramente… comunque grazie per l'invito!
Giorgio: Di nulla, ci sentiamo. Ciao!
Silvia: Ciao.

10.

bistecca alla Fiorentina-Toscana; cassata-Sicilia; panettone-Lombardia; pizza-Campania; polenta-Veneto; saltimbocca alla romana-Lazio; tortellini-Emilia Romagna

11.

A chi non piace il vino, Dio gli tolga l'acqua.
Per fare un amico basta un bicchiere, per mantenerlo non basta una botte.
L'amico è come il vino fatto ora, che il tempo inacidisce o migliora.

17.

18.

C'è	parecchia	gente alla festa.
Abbiamo trovato	qualcosa	di interessante sulla villa.
Abbiamo scoperto	alcune	cose incredibili.
Ci sono	molte	cose belle da vedere a Boston.
Ho trovato	qualche	informazione all'Archivio.
Ho letto	alcuni	proverbi divertenti.
Non ho conosciuto	nessuna	bella ragazza alla festa.
Non vado	mai	a letto prima delle undici.

20.

alcuni, alcune, nessuno, niente, nessuno, niente, qualche, qualche, parecchia, alcuni

Unità 5

1.

Ciao Caterina, / ci troviamo / davanti alla Libreria Feltrinelli verso le 5. / Sai dov'è? / Quando scendi dall'autobus, / vai verso piazza San Marco / e la trovi sulla tua destra. / OK? Ci vediamo! / Ciao!

2.

L'hai comprata, l'ho trovata, ho comprato, ho preso, l'hai pagato, l'ho comprato, ho speso, hai incontrato, l'ho visto, l'ho visto, ho comprato, li hai comprati, li ho comprati, l'ho trovato

6.

1. d; 2. e; 3. b; 4. f; 5. a; 6. c

8.

Possibili soluzioni

Sauro – Giorgio

Giorgio: Pronto!
Sauro: Ciao! Sono Sauro…
Giorgio: Ciao Sauro, dimmi…
Sauro: Mi sono perso, non riesco a trovare casa tua!
Giorgio: Dove sei ora?
Sauro: Boh… sono in una strada di campagna e ho appena passato una casa con un cancello verde.
Giorgio: Ho capito. Ci metti cinque minuti.
Sauro: Dove vado?
Giorgio: Ora ti spiego… torna indietro fino al bivio.
Sauro: Ci torno e poi?
Giorgio: Poi gira a sinistra e dopo circa 500 metri gira a destra in direzione "Molino". In fondo alla strada c'è casa mia…
Sauro: Ok, capito! Grazie!
Giorgio: Ci vediamo tra poco allora!
Sauro: Arrivo, a dopo, ciao!
Giorgio: Ciao!

Juliette - Caterina

Juliette: Pronto!
Caterina: Ciao sono Caterina!
Juliette: Ciao Caterina! Dimmi!
Caterina: Senti, vorrei comprare una pipa per Giorgio, vieni con me?
Juliette: Ma certo, volentieri! Così compriamo insieme anche il vino per Giorgio!
Caterina: Benissimo! Dove ci troviamo?
Juliette: Io sono a scuola fino alle 4, tu a che ora finisci all'accademia?
Caterina: Finisco anch'io alle 4. Ci vediamo a Palazzo Pitti alle 4 e mezzo?
Juliette: Perfetto, allora alle 4 e mezzo! Grazie!
Caterina: Grazie a te, Juliette…

Paul - Patrizia

Paul: Pronto!
Patrizia: Ciao! Sono Paul!
Paul: Ah, Paul, ciao, come stai?
Patrizia: Molto bene, grazie, e tu?
Paul: Anche bene, grazie, dimmi…
Patrizia: Volevo invitarti in discoteca, al Trendy, domani sera… ti va…? Sai ci lavora un amico.
Paul: Ci verrei volentieri, Paul, ma purtroppo sono impegnata con mia madre e le sue amiche.
Patrizia: Mi deludi, Patrizia! Come puoi preferire tua madre a me?!
Paul: Dispiace anche a me Paul, ma rimandiamo ad un altro giorno!
Patrizia: Va bene, Patrizia… rimandiamo!
Paul: Comunque grazie per l'invito, a presto! Ciao!
Patrizia: Ciao e grazie!

12.
1. ci mette, ci vogliono; 2. ci mettete, ci vuole; 3. ci mettono, ci vuole; 4. ci mette, ci vuole; 5. ci mettiamo, ci vogliono; 6. ci metto, ci vogliono

Unità 6

1.
a, d, f, h, i
a, b, g, h

2.
era, sorgeva, era, era, passava, produceva, favoriva, andava, trovava, dipingeva, approfittava, dipingeva, si chiudeva, mangiava, beveva, riceveva, era

6.
1. e; 2. c; 3. a; 4. h; 5. f; 6. g; 7. m; 8. d; 9. b; 10. n; 11. l; 12. i

8.
1. f; 2. g; 3. e; 4. h; 5. c; 6. a; 7. d; 8. b; 9. l; 10. i

10.
1. m; 2. n; 3. h; 4. l; 5. i; 6. d; 7. c; 8. b; 9. g; 10. e; 11. f; 12. a

12.
1. b; 2. d; 3. e; 4. a; 5.c

Unità 7

2.
2. 3. 6. 5. 7. 4. 1.

4.

S	O	P	R	A	C	C	I	G	L	I	A
E	A	R	F	H	K	U	M	I	L	R	B
D	B	P	E	T	T	O	S	N	A	S	O
E	O	B	R	A	C	C	I	O	E	D	C
R	C	H	I	D	I	L	O	C	E	D	R
E	D	A	D	G	U	A	N	C	I	A	E
F	S	R	P	Z	E	B	N	H	C	V	V
C	E	C	A	P	E	L	L	I	E	D	D
V	P	G	N	S	M	A	N	O	R	T	I
B	O	C	C	A	D	V	B	N	M	O	T
E	L	R	I	U	I	O	C	C	H	I	O
G	S	P	A	L	L	A	R	A	I	D	E
P	O	R	T	A	Q	U	E	C	N	T	D
C	D	E	G	B	U	M	D	P	M	E	S
O	R	D	B	B	I	E	B	I	L	S	F
L	I	F	R	O	N	T	E	P	T	I
L	L	V	E	O	U	T	N	D	E	A	L
O	E	C	F	A	L	O	E	E	E	T	O

7.

Tutti, altra, troppo, troppo, tutti, altro, tutto

15.

1. gamberetti; 2. manovale; 3. boccale; 4. ginocchio; 5. occhiali

Unità 8

1.

Quando Leandro era bambino, aveva ereditato già il soprannome di Leonardino, perché sapeva disegnare molto bene.
Giocava sempre con il meccano ed era curioso di guardare la mamma mentre cucinava. Gli piaceva prendere il treno, ma preferiva guardare i treni passare.
Voleva sapere come funzionavano.
Gli era sempre piaciuto andare in aereo e la sua prima esperienza di volo è stata per lui il più bel giorno della sua vita.

4.

agenzia, informazioni, orari, prezzi, offerta, biglietto, ritorno, prenotazione, biglietti, prezzo, andata, treno, coincidenza, cambio, cuccetta, vagone, aereo, andata, aereo, ritorno

6.

Juliette: Buongiorno!
Impiegato: Buongiorno, prego.
Juliette: Vorrei sapere quando parte il treno per Parigi, per favore.
Impiegato: Vuole viaggiare di giorno o di notte?
Juliette: Preferisco viaggiare di giorno, ma mi dica anche la possibilità di viaggiare di notte.
Impiegato: Può partire alle 12.19 e arriva a Parigi alle 22.53.
Juliette: Devo cambiare?
Impiegato: Sì, deve cambiare a Losanna, ha un quarto d'ora di tempo.
Juliette: E se il treno ha ritardo?
Impiegato: Beh… c'è un treno dopo… ma speriamo di no.
Juliette: Quanto costa il biglietto?
Impiegato: Prima o seconda classe?
Juliette: Seconda classe.
Impiegato: 130 euro, ma ci sono anche degli sconti speciali.
Juliette: Mi dica.
Impiegato: Abbiamo un offerta speciale per 29 euro, ma non può cambiare la prenotazione e una volta comprato il biglietto non è più rimborsabile.
Juliette: E gli orari?
Impiegato: Sono gli stessi di prima.
Juliette: E il treno della notte?
Impiegato: Parte da Firenze alle 20.53 e arriva a Parigi alle 9.10 del giorno dopo.
Juliette: Quanto costa il biglietto?
Impiegato: Andata e ritorno?
Juliette: Sì.
Impiegato: Che tipo di posto preferisce? Il posto a sedere, la cuccetta a 6 o a 3 persone o il vagone letto a 2 persone o da sola?
Juliette: La cuccetta a 3 persone.
Impiegato: Costa 320 euro.
Juliette: Bene, allora ci penso.
Impiegato: Molte grazie, arrivederci.
Juliette: Grazie a lei, buona giornata!

7.

FIRENZE: è la stazione di partenza.
 7.24 - PRATO: viene prima di Bologna.
 8.16 - BOLOGNA: è la seconda fermata dopo Firenze.
10.00 - MILANO: viene dopo Bologna.
11.26 - STRESA: è vicino a Milano.
11.55 - DOMODOSSOLA: si trova tra Stresa e Brig.

12.40 - BRIG: viene dopo Domodossola.
14.18 - MONTREUX: è prima di Losanna.
14.40 - LOSANNA: è tra Montreux e Ginevra.
15.24 - GINEVRA: è prima di Bourg-en-Bresse.
18.21 - BOURG-EN-BRESSE: è la seconda fermata dopo Losanna.
20.22 - PARIGI: è la stazione di arrivo.

Il treno arriva a Stresa alle 11.26.
Il treno parte da Milano alle 10.25.
Il treno arriva da Bologna alle 8.16.
Il treno impiega da Ginevra a Parigi circa 5 ore.
Il treno arriva a Brig alle 12.40.
Il treno arriva a Montreux alle 14.18.
Tra Losanna e Ginevra occorrono circa 40 minuti.
Si deve cambiare treno a Milano, a Brig e a Ginevra.
Per prendere le coincidenze si hanno a Milano 25 minuti, a Brig 19 minuti e a Ginevra un'ora e 20 minuti.
Il viaggio dura circa 11 ore e mezzo.

8.
1. V; 2. F; 3. F; 4. F; 5. V; 6. V; 7. F; 8. V

9.

Binario	BINARIO 1	BINARIO 2	BINARIO 3	BINARIO 4	BINARIO 5
Tipo	ES	R	IC	EC	IR
Destinazione	Trieste	Siena	Bologna	Roma	Venezia
Orario partenza	18.39	18.15	18.19	18.04	18.08
Orario arrivo	23.34	20.02	19.31	20.10	21.25

10.
Juliette: Buongiorno!
Impiegato: Buongiorno, prego.
Juliette: Vorrei sapere quanto costa un volo andata e ritorno da Firenze a Parigi, per favore.
Impiegato: Quando vuole partire?
Juliette: Vorrei partire giovedì, il ritorno è per martedì.
Impiegato: Bene, vediamo… abbiamo molte offerte.
Juliette: Mi dica.
Impiegato: Può partire con la Air France alle 10.15, arriva a Parigi Charles De Gaulle alle 12.10; il ritorno è martedì
                   alle 10.15, arriva verso le 4 del pomeriggio.
Juliette: C'è uno scalo?
Impiegato: No, il volo è diretto.
Juliette: Quanto costa il biglietto?
Impiegato: È in offerta: costa solo 214,29 euro. Ma c'è anche un'offerta con l'Alitalia, se preferisce.
Juliette: Mi dica.
Impiegato: Parte alle 7.05 e arriva alle 12.00, il ritorno è previsto per le 18.40 e arriva alle 22.10.
Juliette: Quanto viene il biglietto con l'Alitalia?
Impiegato: Anche questo biglietto è in offerta a 226,45 euro.
Juliette: Bene, ci penso. La ringrazio, arrivederci.
Impiegato: Grazie a lei, arrivederci.

11.
scrivo, avevo parlato, sono arrivate, avevo detto, partivo, hanno sorpreso, entravo, aveva consigliato, avevo chiesto,
sono andata, è, era, è, hanno trovata, ho fatti entrare, ho presentati, erano, hanno visto, ha fatto, ha detto, voleva,
sono, raggiungo, mando

12.
di cui, con cui, che, che, in cui, da cui, con cui, su cui

14.
1. c; 2. d; 3. e; 4. f; 5. g; 6. h; 7. b; 8. a

18.
1. prendilo! 2. comprala! 3. chiamala! 4. provalo! 5. ascoltami! 6. aspettami!

Unità 9

1.
1. V; 2. F; 3. F; 4. V; 5. F; 6. V; 7. V; 8. V; 9. F; 10. F

3.
1. Caterina: mi nasconderei; 2. Sauro: uscirei; 3. Juliette: berrei; 4. Sauro: mangerei; 5. Paul: farei; 6. Giorgio: dormirei; 7. Paul: avrei; 8. Juliette: farei

5.
La famiglia Torrisi

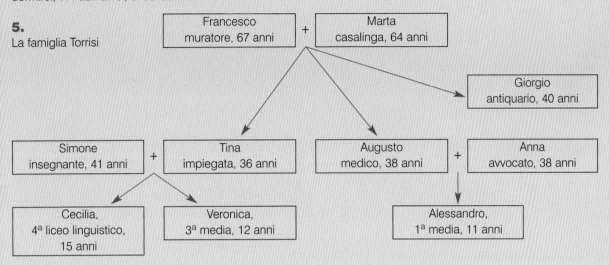

1. il fratello; 2. il figlio: 3. il marito; 4. la nonna; 5. la sorella; 6. lo zio; 7. la suocera; 8. la nuora; 9. il nipote; 10. la nipote; 11. la cugina; 12. la cognata

6.
1. sono dovuta; 2. sono potuti; 3. hai voluto; 4. sono potuti, sono dovuti; 5. abbiamo dovuto; 6. sono potuto, sono dovuto

8.

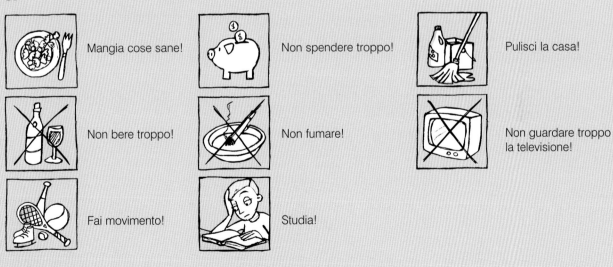

Mangia cose sane!

Non spendere troppo!

Pulisci la casa!

Non bere troppo!

Non fumare!

Non guardare troppo la televisione!

Fai movimento!

Studia!

Unità 10

2.
bisogna, basta, bisogna, bisogna, bisogna, basta, basta, bisogna

9.
ha, si trova, comincia, insegna, si è laureato, potrebbe, decidono, vanno, troveranno, spicca, ha avuto, è stato, risulta, aveva passato, abitava, hanno potuto, annunciano

Finito di stampare nel mese di Marzo 2008
da Grafiche CMF - Foligno (PG)
per conto di Guerra Edizioni - Guru s.r.l.